JN190296

藤森照信
現代住宅探訪記

藤森照信

写真 秋山亮二・普後 均

世界文化社

藤森照信 現代住宅探訪記 目次

・本書は『TOTO通信』の連載「現代住宅併走」から15回分を選び、
加筆修正をしてまとめたものです。
・本文の情報は連載当時のものです。初出の年号は章ごとに記載しています。
・掲載されている住宅を、許可なく見学に行くことはお控えください。

藤森照信 現代住宅探訪記

クリスタル・ブリック

設計　山下保博

ガラスブロックだけでできているように見えるが、そんなことは構造的に不可能で、じつは、目地のところどころに薄い帯状の鉄板が通っている。あきれるほどの細工的工夫といわなければならない。

南西側全景。

長いこと、ガラスブロックはアブナイ、と思ってきた。理由の第一は、技術的な難しさで、年月を経るとヒビが入ったり割れることが多い。ガラスの欠損は目にさびしいし、ヒビ割れにホコリが詰まってうすぎたない。今から30年ほど前、ある大学が鉄骨とガラスブロックの校舎を建てた。たまたま残暑のおりに特別講義に出かけると、暑いこと暑いこと。おまけに、突如、バーンと音がして、学生はまたかといった顔をしている。聞くと、ガラスブロックが温度変化による鉄骨の伸縮についていけずに割れる、とのこと。そういわれてみると、ガラスブロックは満身創痍。

もうひとつの難しさは、美学。ガラスのブロックとはいったいなんなんだ。歴史も古く、誰でも使う板ガラスだって簡単ではないというのに。

板ガラスについては、美学的にふたつの考えがある。ひとつは、物質的にはともかく視覚的にはナイとするもので、ヴァルター・グロピウスの作品などに使われているガラスはこれ。もうひとつは、ミース・ファン・デル・ローエの作品に典型的な、透明な石としてのガラス。

ガラスブロックはグロピウスのガラスのように〝ナイ〟とはいえないが、しかし、透明な石ともいえない。これはいったいなんなのか。

初出＝2007年春号

ガラスブロックが表現の重要な要素として使われるようになったのは1930年代で、そこそこの歴史があるというのに、いまだに美学的にあいまいなのはなぜなのか。破損や熱環境の心配から、すぐれた建物的才能が投入されなかったからなのか、あるいは、すぐれた建物的才能を妨げるような美学上の瑕疵が含まれているのか。面白い材料なのに名作が生まれないという点で、ガラスブロックは膜構造と似ている。

というようなことを、ピエール・シャローの「ガラスの家（ダルザス邸）」（1927-31）やベルンハルト・ヘットガーの「ハウス・アトランティス」（1931）を訪れて以来考えつづけているのだが、さて、山下保博の〈クリスタル・ブリック〉を見ようと思ったのは、美学的な理由というよりは技術的な関心からだった。どうして破損せずにガラスブロックの建物が可能になったのか。本当は、今頃バリバリいってるんじゃあるまいか。できてから今年で3年。夏冬を何度か過ごしたわけだし。

訪れ、山下さんと施主の菊田寛さんに迎えられ、まずチェックしたのは、欠損の一件だった。

ナイ。これだけ全面的に使っているのにナイのだ。欠損がナイだけでなく、驚く

既存の住宅の横にガラスブロックの棟を建て、ふたつをつないで一軒の家として使っているが、
既存棟のほうのキッチンからガラスブロック棟のリビング・ダイニングを見下ろす。

リビング・ダイニングは、美学的にも技術的にも寸分のスキなく完璧だが、完璧さがあまりに前面に出すぎているというゼイタクな不満がある。

光はブロックから、空気はアルミのフタを上げて取り入れる。光と空気を分けたところもなかなかのもの。

べきことに、ふつうならあるはずの鉄骨がない。シャローの「ガラスの家」以来、ガラスブロックは鉄骨とコンビのはず。室内側に一歩下がって鉄柱が立ち、ガラスブロックがカーテンウォールとしてあるというわけでもない。

まさか、ガラスブロックの壁構造なのか。さすがにそうではなかったが、見た目には世界初の純ガラスブロック構造。じつは、ガラスブロックの目地の中に薄い鉄板が埋められていて、鉄骨造となっている。すべてのブロックではなく、タテはふたつにひとつ通り、ヨコはみっつにひとつ通る。鉄板のカゴのような構造体をガラスブロックが包むというか埋める造り。

よく実現までもっていった、とあきれるような工夫といわざるをえない。山下さんは天工人（テクト）というアトリエを率いて設計活動を繰り広げておられるが、シャローもあきれるようなこの工夫は、天工（てんこう）の名に値しよう。

鉄の小板の組み合わせによる構造体、虫カゴのようにというか、蜂の巣のようにというか、そういう世にも珍しい構造体の考えは壁面だけでなく床面にも貫かれ、天井は見てのとおり。

美しい。ここまでやらなくてもいいほどよくできている。

このところ、鉄板構造が日本の建物表現の最前線を引っ張り、切り開いている。石山修武の「リアス・アーク美術館」（1994）を皮切りに、伊東豊雄の「せんだいメディアテーク」（2000）、妹島和世の「梅林の家」（2003）、西沢立衛の「森山邸」（2005）、などなど。注意を払ってきた作品が、薄くて強い鉄板の特性を生かして、新しい空間のあり方と美を生み出してきている。鉄とガラスとコンクリートのモダニズムは、今やコンクリートを捨て、鉄それも薄い鉄板と薄いガラスの時代に突入した感がある。

〈クリスタル・ブリック〉は、同じ、鉄板とガラスの表現ながら、しかし、それとは違う。まず鉄板の使い方が違い、「リアス・アーク」系のように鉄板の面を表現とはせず、鉄板の小口を表現とする。面ではなく線としての鉄板。ガラスの違いは、いうまでもなく板ガラスに対しガラスブロック。

「リアス・アーク」系を、〝面としての鉄とガラス〟の表現というなら、〈クリスタル・ブリック〉は、〝線の鉄とカタマリのガラス〟の表現といえる。面+面、対、線+カタマリ。面（2）+面（2）の次元を足すと4、線（1）とカタマリ（3）を足しても4。和は同じなのに……。

上右／玄関1。
上左／2階室2。
下／玄関2から、3階のリビング・ダイニングに上がってくる階段。

外壁の立ち上がり。建築家なら、どうやってこれが立っているのか不安になる。
コーナーまでガラスブロックだけに見えるのは世界初。

提供＝アトリエ・天工人

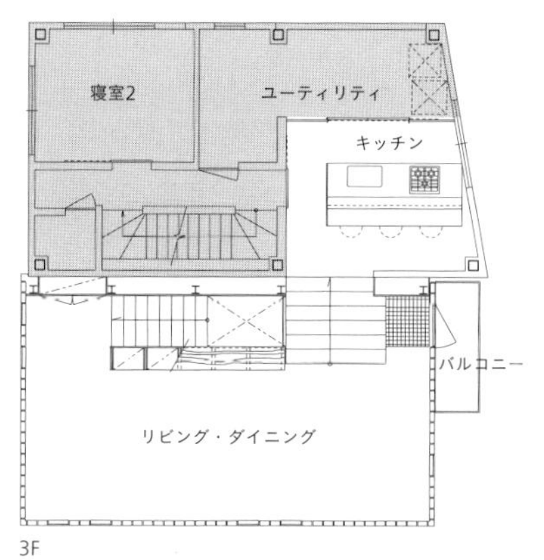

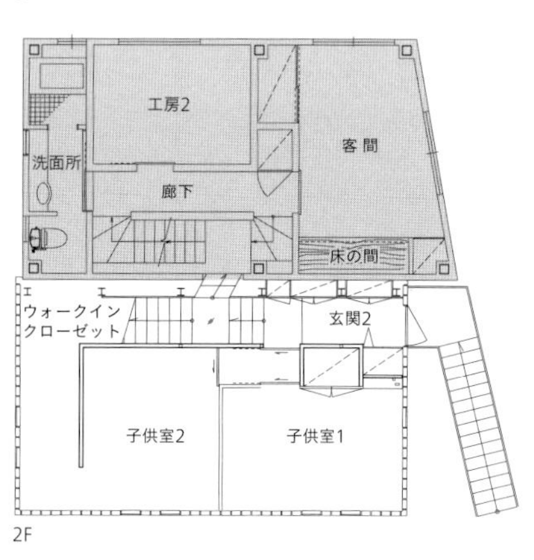

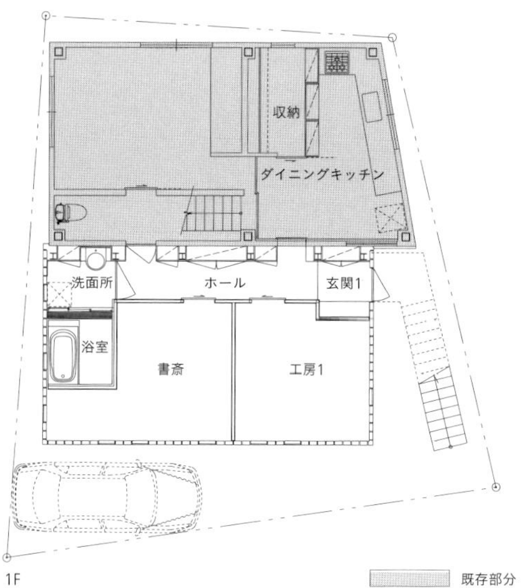

既存部分　S＝1/200

なぜ、こんなヘンな対比をしているかというと、なんともつかみきれない問題を感じているからだ。〈クリスタル・ブリック〉は、これだけ美しく、きわめてよくできているのに、どうして「リアス・アーク」系の建築のように、建築界は大拍手で迎えなかったんだろう。シャローの名作を超えているのに。

面と面のほうが相性がよく、線とカタマリは悪いのか。そんなことはない。実際見てみると、線によってつくられた厚い面に見えるし、得がたい味わいを生んでいる。最初、眺めたとき、「美しい」と感じ、細部の造りを見て、「ここまでやらなくても」と思ったのはどうしてなのか。今こう書きながら考えているのだが、京都の数寄屋大工の名工が刻んだ面格子を見ているような感じになってしまっていたからではないのか、と思う。金閣寺やタージ・マハルを見たときのような感じ、といえばいいか。

最後にガラスブロックの美学の一件だが、〈クリスタル・ブリック〉を見て、もしかしたら〝光のカタマリ〟という新しい美がありうるかもしれないと思った。ナイのでもなく、透明な石でもなく、光のカタマリとしてのガラスの美。積み上げることのできる光のカタマリ。

角地の木箱

設計　葛西 潔

1階ノ間。木造とはとても思えない大空間がワッと広がる。〝箱〟と名乗るのはダテではなくて、木造部分にとどまらずコンクリートの基礎部分もただの箱状につくられている。無駄のいっさいない箱の中に、家具などが置かれて家となる。モダニズムのひとつの極限といえるだろう。

葛西潔さんの住宅は、ひと目見たら忘れられない。なぜなら、木造なのに壁には柱は見えず、天井には梁も根太（ねだ）も見えず、代わりに壁にも天井にも斜めの格子が走っているだけだからだ。

雑誌で初めて見て忘れられなくなり、その後、いろんな雑誌でたびたび目にして息の長さに感心し、そうこうしているうち、たまたま日曜日の散歩の途中、雑誌で初めて見た家と出くわして驚き、そして今回の訪問である。

訪れた家の正式名は〈角地の木箱〉といい、１９９２年完成の、葛西さんの自邸にして斜め格子構造の第一号でもある。

中に入って目を見張った。斜め格子にではない。格子は雑誌で知っていたとおりだったが、意表をつかれたのは空間の大きさで、予想をはるかに超え、じつに五間四方。木造住宅で無柱の五間四方なんて、前例があるんだろうか。普通の木造住宅は二間四方の八畳間が最大で、歴史的にみても、室町時代に成立した九間（ここのま）の三間四方が大きいほうの基本で、小さいほうの基本は一・五間四方の四畳半。日本の木造住宅の部屋の大きさは、大昔から現代まで、四畳半と九間の幅のどこかに納まってきたというのに、〈角地の木箱〉ときたら、じつに、五間四方に到達している。面積でいうと、それまでの9

初出＝2008年新春号

坪の上限を一気に飛び越えて25坪へと着地しているのだ。それも、文字通り軽々と。
新しい木造構造を試みる人は十数年にひとりくらい出てくるが、これほどの有効性はまずないし、それよりなにより新しい構造を発明する建築家の作品にかぎってデザインが面白くない。構造発明力とデザイン力の和は一定、といわざるをえないが、葛西さんの場合はデザインもいい。
いったいどういう建築家なのか。
出は、意外にも、東京工業大学の篠原一男のところだという。篠原にあこがれまくり、「から傘の家」（1961）や「白の家」（1966）は図面をすべてコピーして覚え、そんなことしないほうがいいと思うが、文章まで覚えてしまったそうだ。外国ではルイス・カーンに引かれた。
大学院を出て入ったのは山下和正建築研究所。山下のところに2年いて27歳で独立。独立当初は篠原の「白の家」風のRC住宅を試みた。
でも、思い知る。建築作品の個性は、篠原でも山下でも建築家の人柄と深く関係し、違う人柄の人がまねようとしても結局ダメだと。私も、そう思う。人柄だけでなく、知力、身体性、すべての総和として建築は生まれてくる。

台所から丸窓越しにのぞく。

斜め格子を下から見上げる。

この裏に台所が隠れている。

この構造を見ると、木のほうが鉄より
すぐれていると感じさせられる。

南側全景。右手前は別棟の3階建て離レ。
散歩の途中、この離レをまず見つけた。

当然のように仕事は少なく、ヒマなときは自宅のエスキースをし、これが7年におよぶ。自宅で脱篠原を試みた。

五間四方の木造に挑戦するが、構造をどうすればいいかがわからない。当時は東孝光の「塔の家」（1966）に始まるRC打放しの小住宅全盛期で、木造にテーマを集中する若手は珍しかった。木造に積極的に取り組む構造家はもっといなかった。

今からは考えにくいが、木造不在の季節が建築デザイン界にはあった。そういう寒い季節の中でひとり気を吐いていた、木造にくわしい構造家にして建築家の増田一眞の存在を雑誌で知り、相談すると、〝斜め格子〟のアイデアを出してくれた。斜め格子なら、構造の自重を重くせずに軽々と大スパンを飛ばすことができる。理由は簡単で、梁の構造なら一点の荷重を2方向で支えるが、格子なら4方向で支え、その分構造材の負担は減る。私は、斜め格子構造を雑誌で初めて見たとき、合っているかどうか知らないが、モノコック構造との類似性を感じたものだ。軽くて強い構造はパネルが一番。コンクリートならシェル。面の構造は格子の四方よりさらにすぐれ、全方向となる。

増田の発案になる斜め格子を壁体にも採用したのは葛西さんで、ここに新しい木の構造と表現が誕生した。

以上の話も面白かったが、もっと私の関心を引いたのは、斜め格子構造以後の話だった。斜め格子を連作した後、さらに新しい構造を開発し、戦後建築界前人未到の領域に足を踏み入れた。

新しい構造というのは、木箱212構法なるもので、斜め格子のときと同じように木の大きな箱をつくるのだが、構造が違い2×12材を使う。2×4材の4インチを12インチまで伸ばした超幅広材で門型のラーメン構造をつくり、これを伏見稲荷の赤鳥居のように連続させて構造とする。これは自分で考え、特許をとった。

ここまでは、斜め格子構造の延長線上の話だが、私がタマゲたのはこの先で、なんと、100軒を目標にして、現在（2007年12月）、44軒まで実現したというのである。難波和彦も120棟を超える連作住宅を実現しているが、難波とは違い、自分のもつ特許工法だけで100棟を目指し、年10棟の割合で邁進しているという。

これだけでも驚きだが、もっともっとタマゲたのは、なんと、じつに、その工事を自分で請け負っているというのだ。自分で設計して自分で建てている。建築家側からの設計・施工の一貫。戦後建築界前人未到領域突入と評すしかないだろう。

建築の理想は、設計・施工の一貫にあり、と長らく考え、一部で実践（「茶室徹」

箱からはみ出た位置にある水まわり。

大空間といい、ブランコのようなブリッジといい、サーカスを思った。

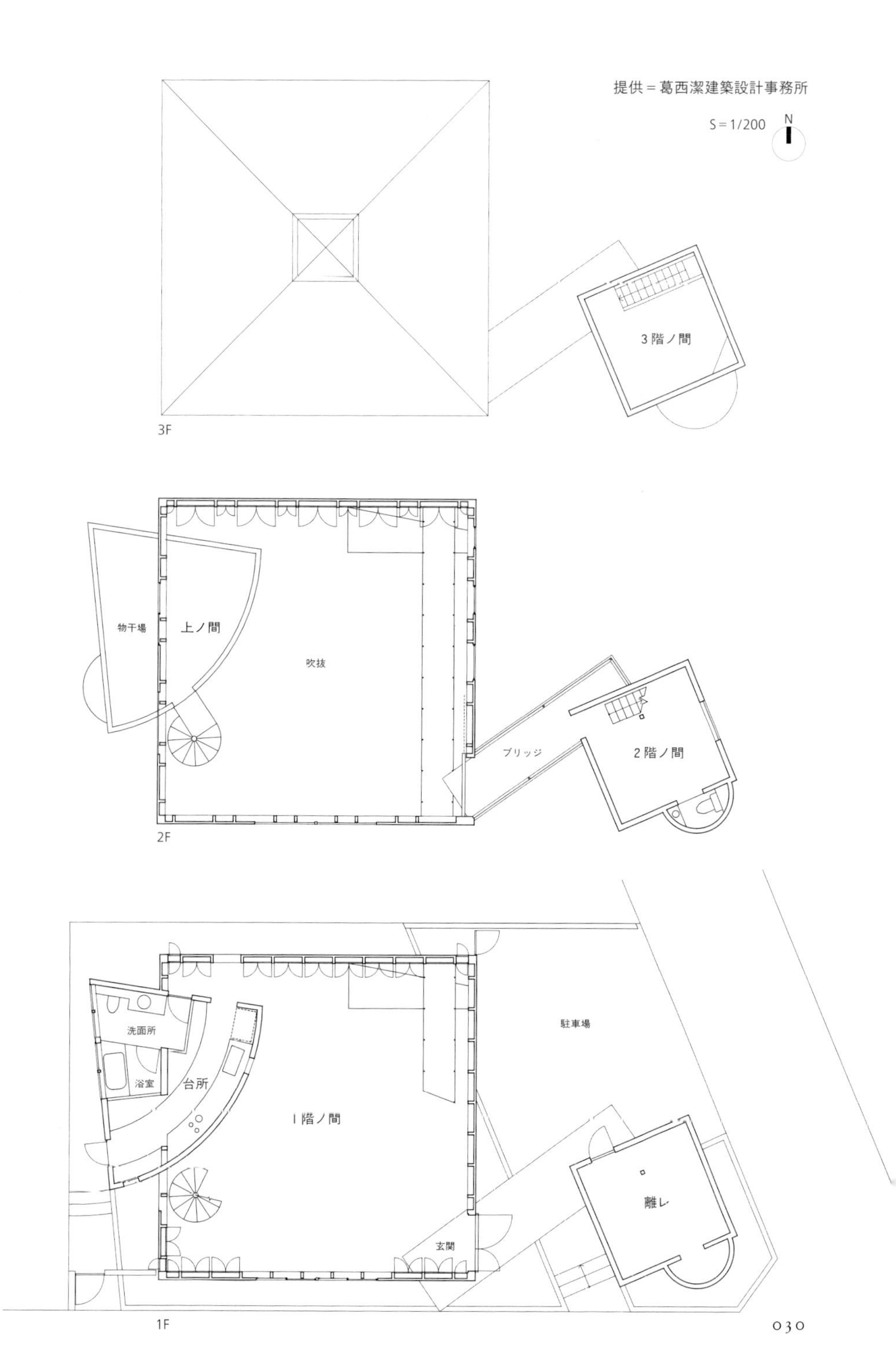
提供＝葛西潔建築設計事務所
S＝1/200
N
3階ノ間
3F
物干場
上ノ間
吹抜
ブリッジ
2階ノ間
2F
洗面所
浴室
台所
1階ノ間
駐車場
離レ
玄関
1F

〔2006〕）もしてきた私としてはうれしい。
葛西さんが若い頃魅力を感じた建築家は篠原とカーンのふたりだったが、今は、ジャン・プルーヴェと佐藤秀三のふたりだという。プルーヴェも佐藤も、設計者にして施工者でもあった。戦前から戦後にかけて活躍した佐藤は、和・洋両方の木造に関して一流のデザイナーだったが、施工の腕もみごとで、大工の技が気にいらないと、チョーナのハツリを夜、自分でやっていたという。葛西さんは直接手を出すわけではないが、請け負い、職人を指揮して工事をすすめる。
「ライバルはいません」
と葛西さんはいった。確かにいない。前人未到。
でも、木箱212構法は、つくるということについての本質的問題をはらんでいるという。軽くて強くてつくりやすくて安い。安いについては22坪の住宅を950万円で実現したほど安いのだが、この合理性きわまる工法について、葛西さんが、ある地方の現場で説明したとき、大工さんが言った。
「でも、オレたちの腕はどこで発揮すればいいのか」
この問いは、今も、葛西さんの胸中に宙吊りのまま。

谷川さんの住宅

設計　篠原一男

この住まいのポイントは土間。それも地形に従い斜めに傾いた土間である。左が下で右が上。下に舞台をつくり、傾面の上のほうから見る予定だった。当初、土間は湿り、きのこがチョロチョロ生えたりしていたが、今は乾ききり、砂ホコリが立つ。

北軽井沢の林の中にこの家を認めて、たまげる。屋根がこんなに地べたスレスレまで迫っているのは見たことがないし、中にこれほど大きな土間のある住宅は、この家以前にあったかどうか。篠原さんがこの家の11年前に同じ軽井沢で手がけた「土間の家」（1963）で試みているが、小さいうえに表現上の主役にはなっていない。

ところがこの家の土間ときたら、一歩足を踏み入れてたまげたが、モロ、ムキダシの土なのだ。もう少しなんとかしたほうがよかったろうにと思うくらい、靴の跡はつくし、ホコリも立つ。昔は湿気があってきのこが生えていたというが、その後乾いたのだろう。

そして何より土間らしいのは中心に立つ独立柱。土間と独立柱のコンビを見て、すぐ伊豆韮山の「江川太郎左衛門邸」（重要文化財）を思い起こした。白井晟一が、丹下健三作品をめぐる〝伝統論争〟のとき、「縄文的なるもの」の代表として召喚した日本の古民家界の大横綱である。

じつは「から傘の家」のときから気になっているのだが「篠原一男と民家」という問いが私にはある。たいへん都会的で洗練の極をいく作品を残した篠原一男は、その一方でいつも古民家をにらんでいたと思えてならないのだ。〝民家はきのこ〟

初出＝2008年春号

の名言も残しているし。大きくて軒の低い屋根、空間を支える象徴的独立柱、土間や床面への強い意識、空間の重心の低さ、戦後住宅としては意外なほどの自閉性、内向性。こうした性格は20世紀建築からは明らかにズレているし、戦後の日本では白井晟一と篠原のふたりにしか観察されない。

そうした特異な傾向の代表作が土間と立柱のこの家なのである。

谷川俊太郎さんに聞くしかない。

まず、土間の一件から。谷川さんは軽井沢のこの別荘の16年前に「谷川さんの家」（1958）を篠原さんにつくってもらっているのだが、2作をとおして、篠原さんの中に民家の一件は感じたことはないという。私の考えすぎなのか、民家のことは宙ぶらりんで今後に持ち越すしかあるまい。

Q　篠原さんを知ったきっかけは？

谷川　最初の家を計画したとき、父の谷川徹三に建築家の知り合いをたずねると、谷口吉郎が挙がり、結局、谷口吉郎、清家清、篠原一男と、当時の東工大の建築の教授、助教授、助手の筋を通って篠原さんにやってもらうことになった。

北

南

東

西

日本というよりは北アメリカの北東部の光景である。私が訪れたところではウッドストックのまわりはこんなで、19世紀からの芸術村があった。軽井沢を開いた宣教師のアレキサンダー・クロフト・ショーはカナダ出身の英国人。軽井沢に縁の深い建築家のウィリアム・メレル・ヴォーリズもアントニン・レーモンドもアメリカ出身。

Q　住みにくくはなかったか？

谷川　家に住みやすさを求める気持ちはまったくなかった。家は住む人の精神の形だと思っている。住みやすさは精神の敵。『住宅建築』（紀伊国屋新書）が出たとき、書評（『新婦人』）をしたが、その中で「家を建てる哲学者」と評したら、寺山修司がとても気に入ってくれた。

Q　この別荘を建てようと考えたのは？

谷川　将来はどこかへ引っ込みたいと思っていた。引っ込み、そこで友人たちと演劇や詩や美術の文化活動をしたかった。書評の中に「土地の人々や、夏そこに集まる人々との交流を予想して、30坪ほどの土間を多目的空間としてしつらえもした。これには1972年に訪れた、シエラ・ネバダ山中の詩人ゲイリー・スナイダーの住居と彼の思想の影響も多分にあった。どこまで可能であるかはわからないが、部分的には自給自足による一種のコミューンの如きものを夢見ていた」と書いた。

Q　この家を建てるにあたっての要望は？

谷川　原稿用紙1枚か2枚に、詩みたいなものを書いて送った。そうした依頼の仕方を篠原さんはとても喜んでくれた。

Q　最初の案は？

谷川　今のとはまったく違う。アフリカの先住民の住まいのようにまわりに塀を立てて敷地を囲い、その中に建てるものだった。

Q　土間はどちらの発案か？

谷川　ふたりで考えたと思う。ギリシャの舞台のように、傾いている下のほうに仮設の舞台をつくって、上のほうから観る。

Q　土間の中に当初から造り付けたものは？

谷川　今ある水道と流しはなかった。ハシゴは、高所の作業のため篠原さんが雑誌で見たセザンヌのアトリエのハシゴにならって最初からつくった。ニワトリ

バスルーム。

上／食堂より広間（冬）を見る。テーブル、家具は大橋晃朗の作。食堂と広間（冬）のあいだには段差がある。
下／広間（冬）。

の彫刻は、メキシコからもってきたのを置いた。

Q　生活部分のインテリアは？

谷川　家具は大橋晃朗の作。シェーカーの椅子も入っている。冬のために床暖房を入れようと考えたが、当時、日本にはなかった。そこで北欧の道路の融雪用を入れたら、暑すぎて寝られなかった。

Q　予定と違った箇所は？

谷川　独立柱は図面ではもっと太かったが、経済的に買えず、細いものになった。

Q　できてからは？

谷川　住宅をつくったというよりは、大きな彫刻を買ったような気分だった。完成後、母が病気になり、その介護もあって、文化活動はできなかった。結局、あまり使わなかった。若い頃から、家や家具や食器などに関心が強く、グッドデザインを買いつづけてきたが、この家をつくって憑きが落ちた。今はまるで気にしない。

以上、谷川さんから聞いたことを長くのせたのは、大事なことは書かずしゃべらずだった篠原さんの欠を補うためである。住宅を〝精神の形〟と考える施主はそういるものではない。ふつうは生活の器と考える。篠原さんにとって谷川さんは得がたい施主だった。

最後になったが、〈谷川さんの住宅〉は北軽井沢の〝法政大学村〟の中にある。法政大学の初代学長の松室致（まつむろいたす）が法政関係者のための良好な別荘地として昭和3（1928）年に開発したもので、谷川徹三、野上豊一郎・弥生子（やえこ）、岸田國士（くにお）、岩波茂雄などが集まり、水道、道路、電気といったインフラを組合で運営して今日に至る。谷川さんは子どものときから夏をここで過ごしている。〝大学村〟で育った谷川さんは〝芸術村〟を夢見て、この家をつくったともいえよう。

広間（夏）から広間（冬）方向を見る。谷川さんは結局、この家をほとんど使わなかった。谷川さんから譲り受けた現在の持ち主も、ほとんど使っていない。その結果、できたときの姿を家具調度に至るまでそのまま伝えている。

2階の和室（寝室）。和室の突き当たりは書斎コーナー。

東京の谷川邸で話を聞く藤森と谷川さん。

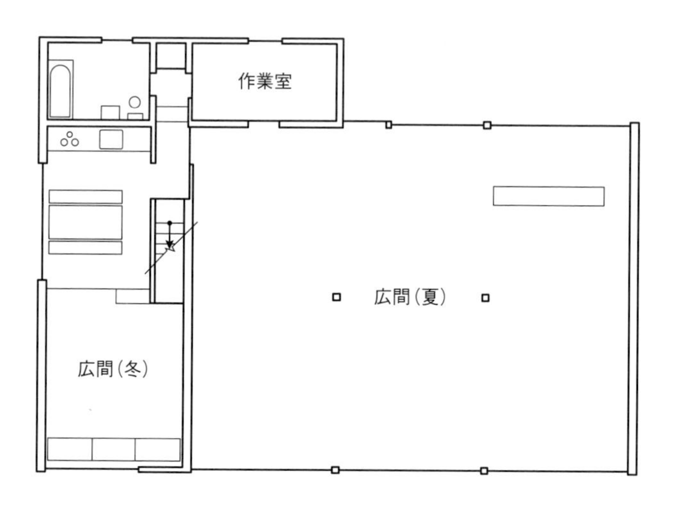

1F

S＝1/200

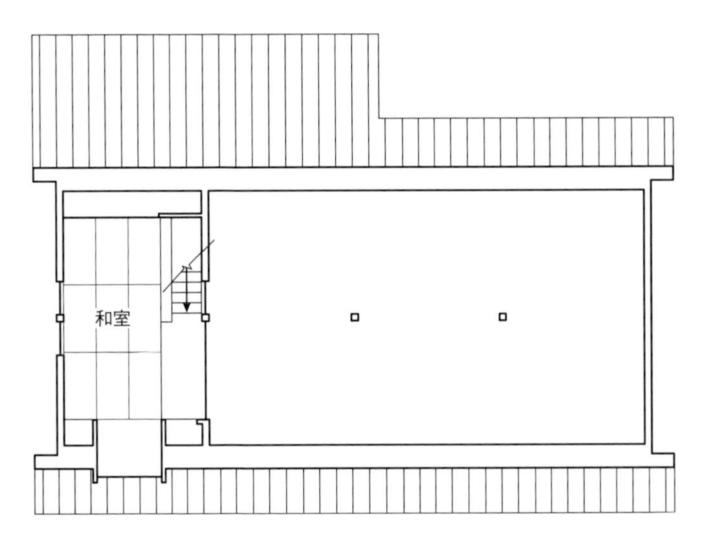

2F

軽井沢新スタジオ

設計 アントニン・レーモンド

軽井沢がレーモンドの建築を育てた、そう思えるような建築と木立ちの光景を見せてくれる。かつては屋根の上に茅が葺かれ、おとぎの国の小建築のような風情だった。円形の主室の右手に突き出すのは寝室、左手は厨房など。宿泊室は左手の少し離れたところにある。

ようやく中を見ることができた。大学院生時代、軽井沢を建築探偵したとき、戦前の「レーモンド・夏の家」（1933）は見たが、戦後に建てられた「夏の家」（1962・軽井沢新スタジオ）は外だけで通り過ぎたからだ。それから三十ン年、戦前のは移築をされて「ペイネ美術館」となり、戦後のはレーモンド建築設計事務所（当時）出身の北澤興一さんの手に移っている。

久しぶりに訪れたが、周囲の光景はほとんど変わっていない。出迎えてくれた北澤興一さん・洋子さん夫妻に案内してもらい、内外を見る。

まずは、外。屋根の茅葺きは腐ってしまい除いたそうだが、印象は意外に変わっていない、というか、見所だった茅葺きが消えても外観の表現力がたいして失われていないことに驚く。屋根面の力は減じても、屋根を支える軒とその下の壁面の表現力は十分残っているからだろう。さらに加えるなら、軒の木組みと壁の表現力が普通の木造以上に発揮された秘密は平面計画にある。平面を地形に沿って折った結果、全体構成に動きが生まれ、ふつうにつくると弱くなりがちな木の表現力が増大した。

久しぶりに訪れて、レーモンド木造の魅力を再確認したが、でも、今回、訪れた

初出＝2011年夏号

のはそこが目的ではない。目的は中。

中に入る。うれしい。北澤夫妻のおかげで写真で見た竣工時の姿が、家具や製図台や置き物を含めそのまま残っている。とりわけ、暖炉がそのままだったのがうれしい。

ここ何年か、住まいの根本とは何かについて思いを巡らし、〝火〟という答えに至った。火のまわりに人が集まった時点で住まいの空間は成立し、建物はその後にやってくる、と考えるようになり、暖炉に着目し、ひとつの現象に気づいた。

モダニズム住宅で暖炉に力点を置いた例はきわめて少ない。戦後に登場し活躍した日本の建築家で暖炉を重視したのは吉村順三だけだし、その吉村に暖炉の大切さを教えたのはもちろんレーモンド。

そのことを私が初めて意識したのは、「レーモンド・夏の家」を訪れたときで、有名な斜路の下を見ると、暖炉が隠れるようにつくられているではないか。

ほかの建築家たち、たとえばグロピウスやミースやル・コルビュジエが不用な施設というよりモダニズム表現の邪魔をする前近代的施設として追放した暖炉をなぜレーモンドは守ろうとしたのか。そのことを考えはじめ、戦後の〈軽井沢新スタジ

居間の軒の見上げ。丸太組みがポイントで、日本の木造に学んでいる。

暖炉が主役の空間。右側に所員の製図台がある。戦前からレーモンドは、夏は所員とともに軽井沢に移って働いていた。暖炉は両側に口を開けている。

暖炉に火が入ると、誰もが集まってくる。北澤夫妻と藤森(中)。

オ〉を見たいと思った。なぜなら、これほど暖炉を重視した家はちょっと考えられないからだ。プランを見ればわかるように、暖炉を中心として平面も構造も造形もすべてが展開している。20世紀以前を含め、これほど暖炉コンシャスな住まいは知らない。

イギリスの田舎で訪れた古い古い農家を思い出した。寝室と家畜房に両側からはさまれたガランドウの大きな土間があり、土間の真ん中に石を敷いて炉とし、炉のまわりにテーブルや椅子があって、食卓や調理台や作業台として使われている。住まいの中心は火の場所としての炉。炉のことを英語では"hearth"といい、hearthのまわりに成り立つ人間関係と空間を合わせて"home"といい、homeを容れる器のことを"house"という。ホーム(住まい)もハウス(住宅)ももとをたどると炉に行きつく。火に行きつくのである。

レーモンドが、hearth, home, houseの関係を知っていたかどうかはわからない。ただ、彼はチェコのボヘミア地方という冬の寒い地域で生まれ育っているし、アメリカに渡ってからついた建築家はフランク・ロイド・ライトだった。

ライトは、中心から四方に平面の伸びる〝十字プラン〟によって自分らしさを獲得し、十字プランの伸びやかさによって20世紀初頭のモダニズム確立期に多大な影響をおよぼすが、その十字の中心には暖炉が据えられていた。晩年の最高傑作「落水荘」(1936)の平面上の核も暖炉にほかならない。

暖炉という伝統的存在は、一見すると科学技術の時代20世紀の建築にふさわしくなく映るが、しかし使いようによっては、平面上も表現上も核心性をもちえるということを、レーモンドはライトから学んだとみてまず間違いない。

モダニズム建築が否定した歴史主義建築の室内において、暖炉は日本の床の間と同じ装飾的役割を帯びていた。だからモダニストたちは捨て去ったわけだが、でも、グロピウスもミースもコルビュジエも、暖炉は捨てても、人間にとってあまりに本質的な火まで否定することはできなかったはずだ。自作の中では使わなくても否定はできない火。

20世紀のおおかたの建築家たちが否定も肯定もせず自分の建築の外部の問題とした火を、レーモンドだけは建築の問題としてとらえ、さまざまに試み、そして、このスタジオをつくった。

室内に入るまで、暖炉の印象が強すぎて、かえって空間がヘンなことになってい

寝室から外を見る。モダニズム建築に障子を取り込んだのはレーモンドが初。〝レーモンドに障子の可能性を教えたのは私〟と吉村順三はいっていた。

畳敷きの茶室のような和室（ゲストルーム）。襖の向こうに暖炉が見える。

上／寝室の外観。
中／アトリエから和室を見返す。
下／寝室のインテリア。

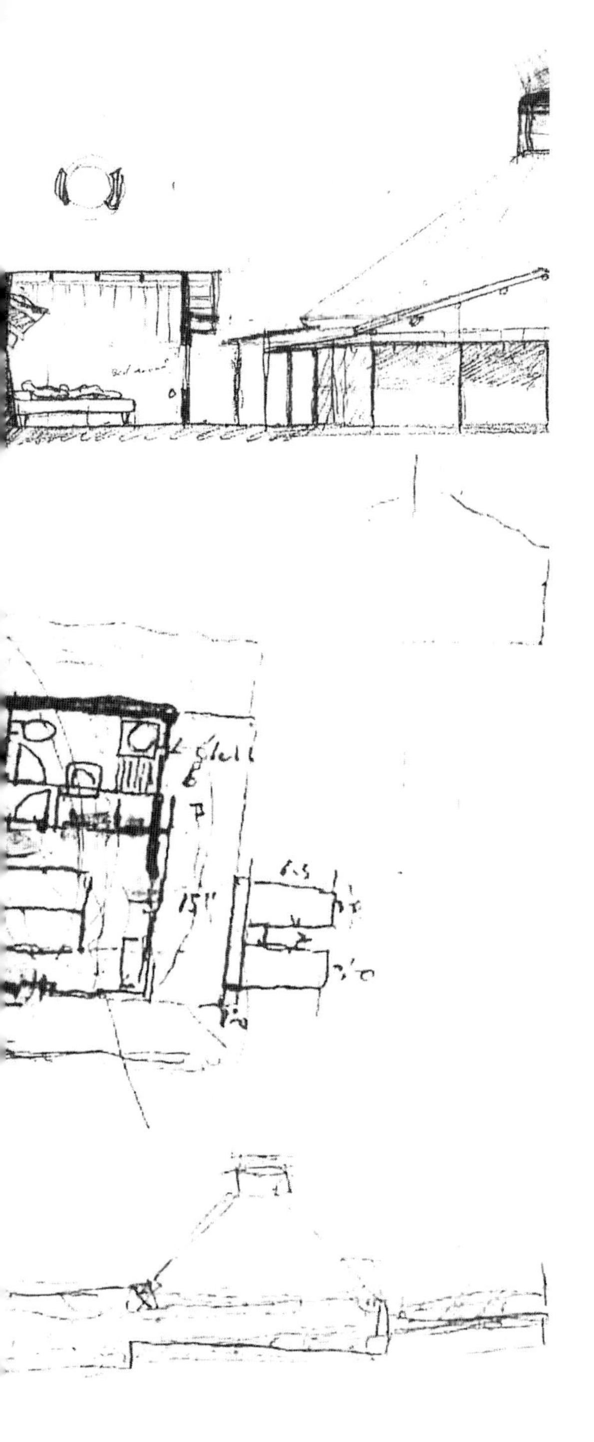

るんじゃないか、と心配していたが、その心配は無用だった。あまりのデカさに最初は驚いたが、北澤さんが入れてくれた火のゆらぎを見ていると、人間の住まいの原点たる火のある場所がこのくらいデカくてもヘンじゃないと思えてくる。

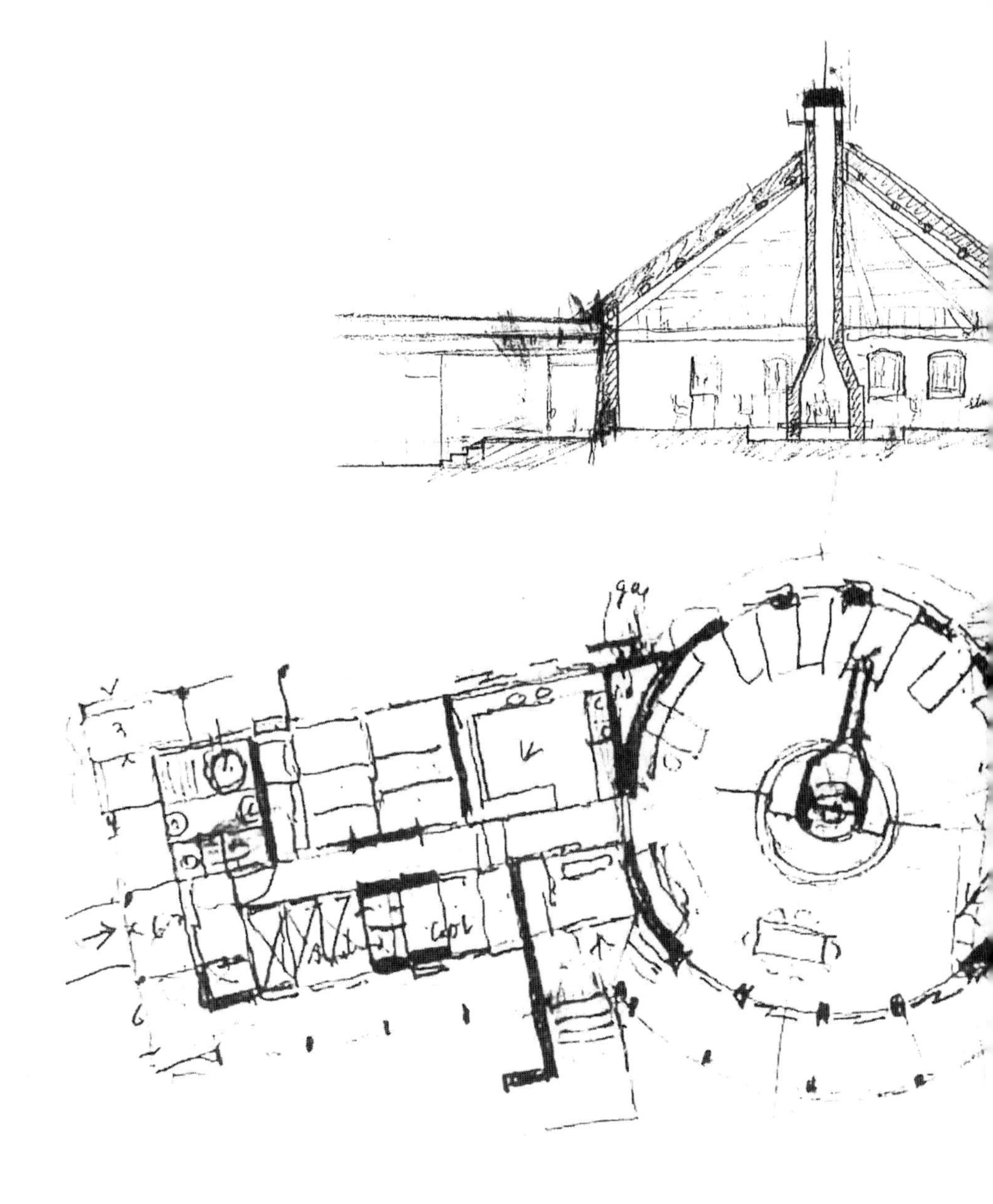

アントニン・レーモンド直筆のスケッチ。
トレーシングペーパーに鉛筆描き。実施設計では一部変更された。
提供＝北澤建築設計事務所

上／厨房などの張り出し。
中／風呂と洗面。
下／所員の宿泊棟。どことはいえず品格が漂い、さすがレーモンド。

雨戸の角まわし。水戸の「好文亭」で見たことがある。

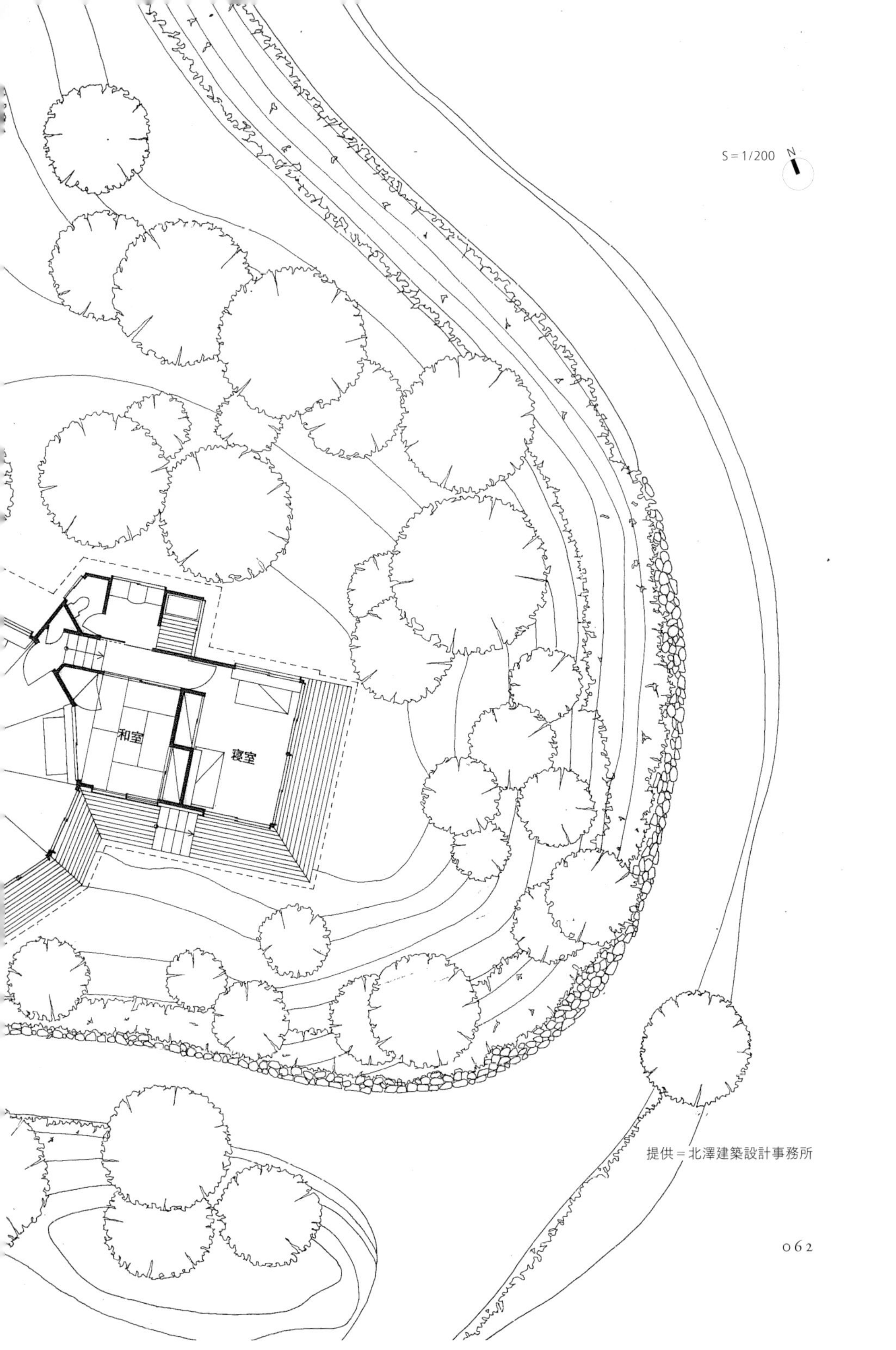

提供＝北澤建築設計事務所

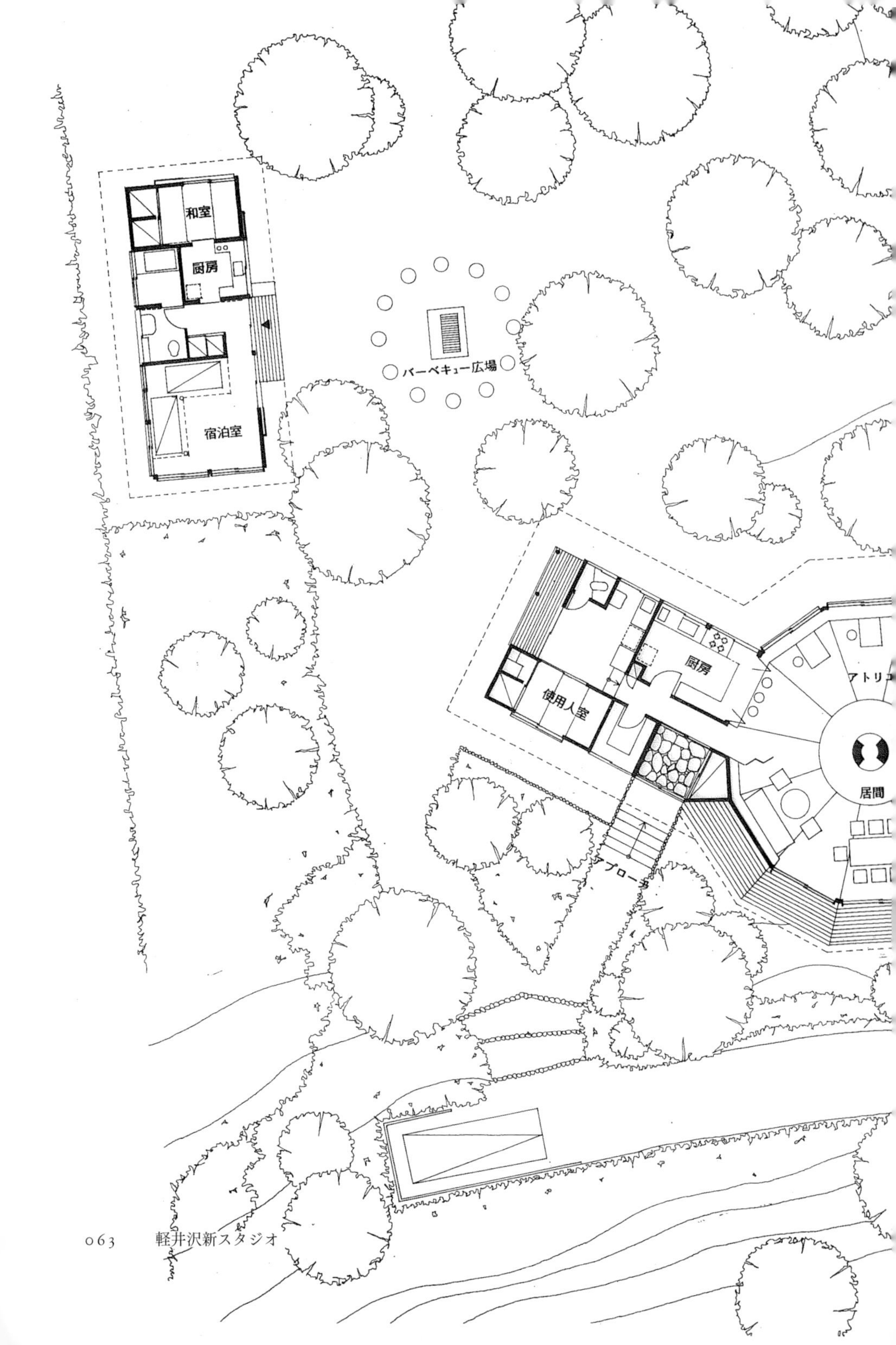
和室
厨房
宿泊室
バーベキュー広場
厨房
使用人室
アトリエ
居間
アプローチ

津端邸

基本設計　アントニン・レーモンド　実施設計　津端修一

古来、足場と仮小屋にしか使われてこなかった杉丸太で、レーモンドは建築をつくった。木造という土俵で、モダニズムが伝統に勝った一番。

レーモンドの木造は、日本の近代建築史に新しい恵みをもたらした。大工の伝統技術を巧みに生かしながら、しかも日本の伝統とも欧米とも違うモダンな原理に基づく木造表現である。

この成功を最も端的に、というか最も純粋に、というか最もローコストで実現してみせたのが、戦後9年経って麻布につくられた「レーモンド建築設計事務所」（当時）の建築で、今は取り壊され、残念ながら私は外しか見ていない。

「レーモンド建築設計事務所」の建築が〝端的〟〝純粋〟〝ローコスト〟なのは、残された写真からわかるが、別の証拠もあって、他人がそっくり追実現した例がふたつもある。ひとつは高崎の「旧井上房一郎邸」（1952）。井上さんは、戦前、来日したブルーノ・タウトのパトロンを務め、お金にも文化にも恵まれていたのに、「レーモンド建築設計事務所」の小屋のような木造に魅せられ、図面を借りて再現し住んでおられた。

もうひとつが今回の〈津端邸〉。1975年、愛知県春日井市につくられている。設計した津端修一さんと夫人の英子さんは、『あしたも、こはるびより。』（主婦と生活社）などの本を出し、定年後の人生の達人夫妻として今では知られている。

初出＝2013年春号

私が初めて津端さんに連絡をとったのは、その昔、草創期の日本住宅公団を調べていたときで、住棟の味気ない並列配置を否定し、変化に富んだランダム配置の発明者として知られていた。でも会うことはなく、今回が初訪問。

公団に入ってからのことは承知しているから、それ以前のことを聞いた。

建築を目指したのではなく、飛行機をつくりたくて、首都大学東京の前身の都立工業専門学校を出て、1941年に海軍の技術士官となり、厚木で機体をつくっていたが、敗戦。マッカーサーの厚木上陸というか厚木降臨のため、ガソリン補給の用意をしたのが飛行機技術者としての最後で、敗戦を境に建築へと方向転換する。

1951年に東京大学を出、前川國男の紹介でレーモンドの事務所に入り、楽しかったが3年で辞め、坂倉準三建築研究所（当時）に移り、渋谷の東急会館（当時）などを担当し、これも楽しかったが、プライベートアーキテクトになるには限界を覚え、1955年、公団に移った。

公団で活躍する津端さんが現在地に自邸をつくることになったのはかの「高蔵寺ニュータウン」建設のためだった。

津端さんは役人気質が幅を利かす公団の中で〝夢多き人〟〝やりたいことは委細

上／障子からの採光が、スレンダーな小屋組みを浮かび上がらせる。丸太組み小屋の露出は、若き日の吉村順三が、担当した「赤星四郎週末別荘」（1931）の民家風造りの中で初めて試みている。吉村は「赤星四郎週末別荘をやったとき、日本の伝統の中にはモダンにも合う造りがあることを、レーモンドさんに教えました」と述べている。
下／上の見返し。リビングの津端夫妻。

上／家と雑木林の境で、燻製づくりなど食と農にかかわる作業をする。津端夫妻は今では〝キッチンガーデン〟や〝農のある暮らし〟の達人として名高く、津端修一の住宅公団時代の大活躍を知る人は少ない。
下／住まいを包む雑木林。津端さんは、自宅の敷地だけでなく、高蔵寺周辺の戦時中に荒れた山を雑木林に戻す指導もしている。

構わずやる人〟として鳴らす。公団の外でも、海軍時代からのヨットマンとして知られ、本格的なヨットを設計し、自分でつくり、太平洋をひとりで縦横に走ってきた。88歳になってもタヒチまで波を切りに行った。夫人の本を読むと、そうした自由で活動的な夫と暮らすため、質屋通いもしばしばだったという。

建築家・津端修一は、ススキしか生えないような高蔵寺の原野の一画を相手に、ふたつのことをした。ひとつは、雑木林の回復。ソロ、ナラ、クヌギなど6種の苗木を坪当たり6本で計180本植えた。これらの一部が現在、立派な雑木林に成長し、〈津端邸〉の庭と畑と家を守っている。

もうひとつは、1978年にドイツで見たキッチンガーデンの実践。いろんなメディアの津端家訪問記のページを開くと、雑木林とキッチンガーデンの話が出てくるからそれを見てほしい。

私が来たのは住宅のため。どうしてレーモンドの編み出した木造をほとんど写すようにして自分の家としたのか。

「麻布笄町のレーモンド事務所で3年間過ごしました。以後26年間、思いつめて、ついに同じものを手に入れることができました。これだけいい空間が、足場用の杉丸太と合板で生まれるんですよ。この家は、合板を南洋材に替えていますが」

レーモンドは建築家冥利に尽きるだろう。目のない素人が見たらただの山小屋と見まがうような安普請が、建築のわかる人をここまで引きつけるのだ。デザインの勝利。井上さんも同じ思いだったにちがいない。

この住宅のどこがそれほどいい効果を生んでいるのか、あらためて考えてみた。まず、構造材のスレンダーさがある。日本の伝統木造の視覚上の欠点は、柱材に比べ梁などの小屋組みが太くなり、頭でっかちになることだが、レーモンドはトラスを巧みに組み合わせ、下のほうが太く、上のほうが細い合理的な材の使い方を実現した。重い小屋組みがのしかかるのではなく、軽々と自分を包んでくれるような小屋組みなのである。

モダニズム建築の肝所である〝構造と材料を隠すのではなく、積極的に表現する〟という構造表現主義を、これだけ〝端的〟〝純粋〟〝ローコスト〟で実現した例はレーモンドのほかにはない。

それが可能になったのは足場用杉丸太の力が大きい。もし杉丸太という、強い割には軽くてまっすぐで安い材が日本で発達していなかったら不可能だった。杉丸太

上／玄関はなく、庭から直接上がる。庭先は雑木林となっていて、面積は広くないが、雑木林の心地よさを十分保持している。
左中／菜園の片隅には作業小屋があり、農産物の保存と加工に使われている。レーモンドの杉丸太小屋は、こうした作業空間と相性がいい。作業空間に建築の真実を認めるレーモンドの感性はどこに由来するんだろう。チェコかアメリカか日本か。
右中／建築の取材に来たが、つい目がいってしまう。
下／「シュウイチさん」と「ヒデコさん」と一緒に。

北側から見た雑木林とおもや。

アトリエで機を織る英子さん。

は奈良の大仏殿をすっぽり覆うほどの構造力を秘めているのだ。木のジュラルミン。
杉丸太の肌も利いている。なんせ数寄屋の磨丸太と同じ肌。
そして何より利いているのは、多用されている半割り材ではないか。角材をふたつの半割り材で両側から掌で押さえるように接合する合理性は、見事というしかないし、また、丸太の断面の円形ゆえの無方向性が、半割りによって縦へと変わり、梁材同様の縦の方向性を得て、構造の美しさがそのぶん強化される。レーモンドの本造小屋組みの秘訣は底が深いのである。
レーモンドは、この半割り丸太で挟むつくり方をどこで学んだんだろう。杉丸太は日本にちがいないが、日本の伝統木造にも杉丸太の足場にも挟む造りはない。
レーモンドの日本以外の木造体験は、まず生まれ育ったチェコとスロバキア、次にアメリカとなる。レーモンドを調べるため4回チェコを訪れているが、残念ながらこの問題意識なしで訪れ、有無を確認していない。アメリカの2×4のトラス小屋組みは2×4材で大いに挟む。でも丸太は使わない。
アメリカの2×4の挟むつくり方を、日本の杉丸太でやったと解釈すれば、あれこれ腑には落ちる。

つばたさんの　雑木林とキッチンガーデンのある暮らし・２００８年

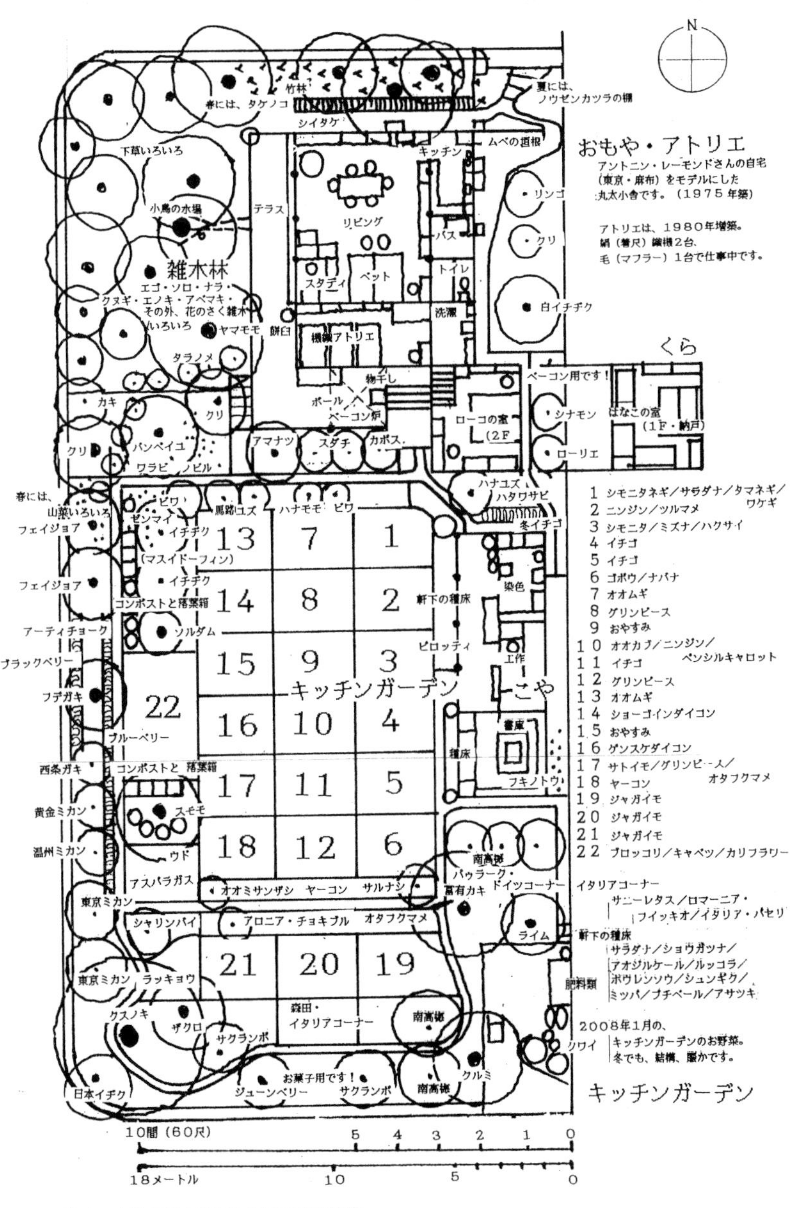

住まいと雑木林と菜園と作業小屋の配置。
提供＝津端修一

S＝1/300

蟻鱒鳶ル

設計　岡 啓輔

階段を下から見上げたところ。2×4材を少しずつずらして型枠としている。その左上には不思議な姿の角柱が斜めに伸びる。

外観はまだこんな姿。

若い人の仕事を見て久しぶりにうれしかった。岡啓輔が奇妙な家を設計していることを知ったのは、2003年のSDレビュー審査のときで、自分で打設したヘンな形のコンクリート独立柱の上に立つ肖像写真を見て、特別賞として「藤森賞」を出した。岡の「蟻鱒鳶ル（アリマストンビル）」が起工したと聞いて訪れたときのあれこれは『藤森照信21世紀建築魂』（LIXIL出版）に書いた。まだ地下室と中2階の床の一部ができただけで、建築としても建築家としても暗黒星雲状態だったが、コンクリートについてはただならぬものを感じ、特別賞を出しておいてよかった。

ふつう、コンクリート打設は1階分ずつ行うが、岡は、手の届く長さのおよそ70㎝ずつ繰り返す。打ち継ぎ面をブラシで洗い、スランプ値ゼロの硬練りコンクリートを使えば、やがて結晶レベルで一体化すると聞いたことがあるが、その理想を黙々と実践していた。配筋、型枠、練り、打設をほぼひとりで7年やり遂げ、全体の姿の半分まで終わったというから見に行ってきた。

やっと形が生まれている。もちろんすべて打放し。端部が波形を小刻みに繰り返すのは、塩ビの波板が型枠。天上面は、表面の一部がわずかに膨らみ装飾的な形が浮き出ている。手伝いに来た友人が型枠の表面を削って形を浮き出させたという。

初出＝2013年夏号

上階に上がる階段の「あげ裏」は小刻みに角の立った凸凹を繰り返すが、余った2×4材を少しずつずらして重ねた型枠の結果。

壁や天井や、片持ち状の突き出しの造形がどんな型枠の成果かはほとんどわかったが、なんとも謎の形がある。天井と壁の一部が、連続してわずかに膨らんでいるばかりか、コンクリートとは思えないほど緻密に打ち上がり、手で触れると鏡のよう。鏡面仕上げのコンクリートなんて聞いたこともない。

魅せてくれた型枠はトンデモナイシロモノだった。木の残材で額縁をつくり、中に何本もの残材を、適当にあいだをあけて並べて組み込んだもの。そこにビニール製のシートを張って一丁上がり。わずかな膨らみも鏡面仕上げも、ビニールシート型枠の成果というか結果なのである。

この人はなぜこんなことを思いつくのか。アレルギー体質だから合板を切ったり削ったりができず、昔ながらの杉板型枠にしているが、どうしても隙間からノロ（水とセメントの混ざったペースト状のもの）が滲み出るので、防ごうと余ったビニールシートを張ってみると鏡面状に仕上がった。面白いのでわざと板のあいだを大きくあけて試してみると、床スラブくらいの液状コンクリートの重さならビニールシー

上／1階エントランス。 右下／外壁。龍の影が、微妙に凸凹し、線の走る壁に映る。
左中／1階居室。 左下／地下室。

右／1階奥。階段の外側の吹抜けを大蛇のごとく身をよじらせながら上昇するコンクリートの柱体。よく見ると、塩ビ波板を型枠として打たれた星形の造形が見えるし、その上にはアイスクリームか何かの器で打った突起もあるから、大蛇というよりは龍にちがいない。とすると、右上に伸びるのは龍のひげか角か。左／吹抜けを勢いよく上昇する階段と龍。

土中から突き出た江戸時代の大黒柱の礎石を守護石としている。出土物の利用は、この石だけにしてほしかった。

ト型枠でも十分と判明した、とのこと。
すぐ思い出したのは、今井兼次の名作「日本二十六聖人記念館」(1962)の塔のことだった。塔の胴の位置の打放しが妙な折れ方の連続面になっているから、当時、現場を担当した池原義郎先生にうかがうと、「偶然の変化がほしかったから、現場にあったトタン板を型枠代わりにして打った」。
ビニールシートを使ってまでコンクリートの表現を深追いしながら、ハツッたり、小叩きしたりしないのは見上げたもの。打放し命。
ビニールシート型枠は、トタン型枠以上に誰もまねしないが、しかし、現場のコンクリートに腰まで浸かりながらやってきた証にちがいない。
ここまではよかったが、思わぬものが打放しに取り付いているではないか。いずれも地中から出てきたらしいが、大谷石を開口部の上のプランターに使ったり、玉石を壁や天井のそここに埋めたりしている。そのうち、ガラスビンを埋めたりしかねない。
これはやってはいけない。シロートの建築好きや、フリーデンスライヒ・フンデルトヴァッサーに通じてしまう。フンデルトヴァッサーではなく、「ワッツタワー」(1921-54)のサイモン・ロディアになってほしい。ロディアは、建築の知識はないが、全体の確たるイメージと鉱山技師としての技術感覚のふたつがあったから、思いつきとゆがんだ自意識のふたつに毒されずにあれだけの名作を生むことができた。

玉石はともかく、大谷石はなんとかしてほしい。そうしないと、打放しでものした奔放な装飾的造形が、ただの思いつきに見えてしまう。

危惧を覚え、あらためて地下から上階までを上がったり下がったりした。打放しコンクリートにしては、おまけに所構わずアチコチ奔放に凸凹し、突き出したり穴のあいたりするコンクリート構造物にしては、その造形は目に突き刺さらないし、足取りも体もスムーズに運ぶ。肌への親和感すら覚える。

身体性、そう、体にヒタッと寄り添うような、やわらかさとあたたかみのあるコンクリートの空間になりおおせている。コンクリートに腰まで浸かるうちに、いつしか身中に滲み入り、岡の五体を通ってまた外に出てきて生まれた空間にちがいない。蚕が絹を吐いて繭をつくるように、岡はコンクリートを吐いて自分の家をつくっている。コンクリートでできた自分の巣にちがいない。正確にいうと、首を長くして延々と待ちつづけている夫人との巣。

レーモンド→戦後初期の丹下健三→安藤忠雄、と日本の打放しはバトンをつなぎ、

2階天井。さまざまな廃物が型枠として利用されているが、古来日本では長い年月を経た物に付くというツクモガミのように見えなくもない。

3階床。後半分つくれば完成。

岡さん（左）と藤森。

北西側全景。

ついに巣に行きついた、ということになるのかどうか。
後半分つくって完成するそうだが、その日が楽しみのようなコワいような。
岡の畏敬する石山修武が私のデビュー作について書いた次の言葉を私も書ける日が早く来ることを願う。
「末永く語りつづけられる建築である」

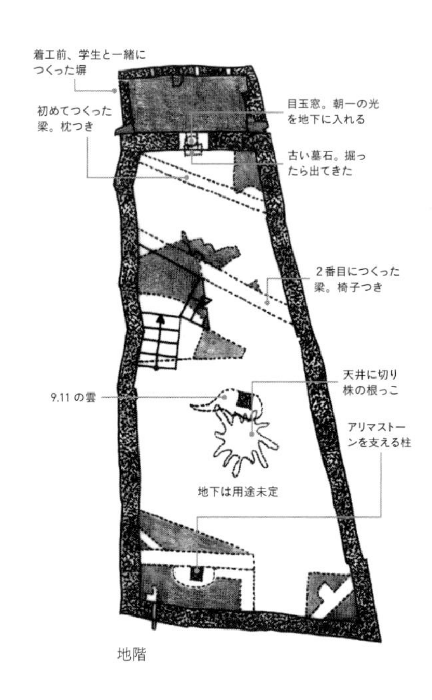

地階

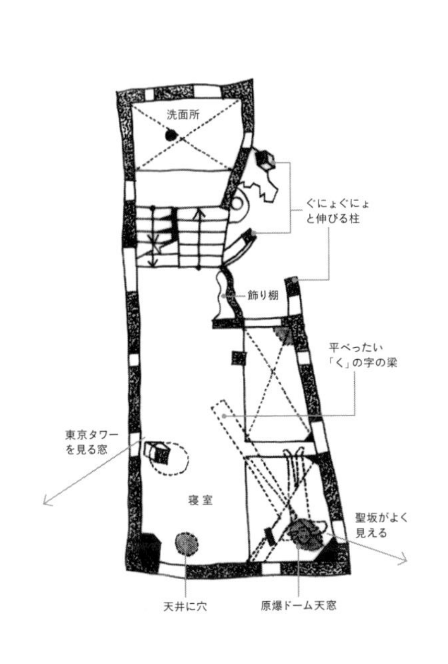

2F

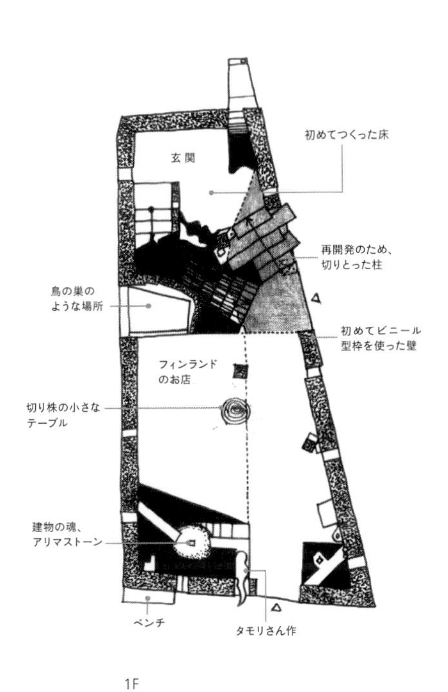

1F

S＝1/150

提供＝岡 啓輔（『バベる！』（筑摩書房）より）

三澤邸

設計　吉阪隆正

放物線のような沿った造形。

私が45歳で初めて設計に取りかかったものの行き詰まったとき、突破口を開いてくれたのは吉阪隆正の若い頃の一文だった。煎じ詰めれば、〝周囲の目など気にせず、やりたいようにやりなさい〟、と書かれていた。

吉阪の作品の中で本当にやりたいようにやった建築を指折るなら、今回紹介する〈三澤邸〉は、1、2に入るのではないか。こんな住宅をつくれるのは、後にも先にも吉阪ひとり。

施主の三澤至・満智子夫妻は、親の代から吉阪家と付き合いがあり、満智子さんの父の大村優治はアテネ・フランセの創立者でもあり、大村と吉阪は、しばしば得意のフランス語で話していたという。

施主は、衝動買い的に土地を入手した後、吉阪にいっさい任せた。本当にいっさい任せた結果、設計に2年、躯体工事に1年、乾燥のため1年寝かせ、家族が引っ越したときはひと部屋しかできておらず、仮設の電気を使い、食事は外で焚火に飯盒のキャンプ状態。U研究室（吉阪研究室）のスタッフもどこかの部屋に寝袋で寝泊まりしながら、起きれば設計と自力工事の日々。もちろん食事とお酒は満智子さんの担当。こんな状態が10年も続いてやっとU研のメンバーは東京へ引き揚げていっ

初出＝2016年新春号

た。この怒濤の10年について満智子さんは「ものすごく楽しかった」。
吉阪隆正という戦前ジュネーブ育ちの建築家にして登山家と、大竹十一をチーフとするU研が、葉山の小高い崖の上でその本性を火薬のように爆発させてつくったのがこの住宅なのである。
建築のことに入る前に、珍しい話を聞いたので忘れないよう記しておく。吉阪が、昭和25（1950）年、早稲田大学の助教授のとき、コルビュジエの事務所に入ったことはよく知られているが、満智子さんによると、子どものときにコルビュジエの家にしばらく預けられ、自転車に乗ったりして遊んでいた、というのである。前川國男、坂倉準三と違い、吉阪はコルビュジエにかわいがられたとは聞いているが、子どもの頃からのことだったのか。初耳。何かの間違いか、あるいはそんなこともあったのか。
建築について述べよう。出かける前、1、2、3階と平面図を見ても、すぐには全体像がつかめなかった。どの階段（スロープ）を昇ればどの部屋に入るのか、各部屋の相互関係が複雑で、複雑だけならいいが、加えて相互関係が怪奇でなんとも判然としない。たとえば書斎、いったいどこから入るのか。

半地下化した書斎を入り口から見る。右手下の鉄のハシゴから伝い下がる。

2階食堂。

テラス。食堂の入り口であり、
家の入り口でもある。

あるいは居間、どう見ても独立した部屋にしか思えないが、家の中核となるべき居間に家族はわざわざ露天のテラスを通りガラス戸を引いて集まるのか。当時、世は家族団欒のため居間中心プランが全盛をきわめ、食堂も台所も居間と一体化した〝ＬＤＫ〟平面が先駆的な建築家のあいだでは定石化していたというのに、この家ときたら肝所の居間は独立、というか孤立しているではないか。

現地に出かけ、やっとわかった。どうして図面からはわかりにくいかもわかった。まず、入り口不明の書斎から説明すると、テラスに立ちドアを開け穴を潜り、ハシゴで下りる。なお、図面にはハシゴが描かれていない。居間問題は図面のとおりで、各部屋からいったん外に出て、テラスを歩いてから入る。

どうしてこんな珍しい平面計画をしたのだろうか。

満智子さんの記憶によれば、最初は木造で考えていたが、途中で鉄筋コンクリートに変わり、それも当初は、「ムクのコンクリートを塊で打って、各部屋を削ってつくりたい」と言っていた。中国の乾燥した黄土地帯やトルコのカッパドキアなどに例のある穴居をコンクリートでつくろうというのである。

コンクリートの塊の上辺を地表とし、各部屋から昇っていくと、ポコポコと地表に顔の出るイメージだったともいう。モグラの家。
この話をうかがってやっとわかったが、書斎はモグラの家のイメージを忠実に伝えている。
各部屋の独立とモグラの家、このふたつの発想が元になっているのはわかった。そして、モグラの家のイメージは吉阪が若き日に訪れたユーラシア大陸の乾燥地帯の原始的にして始原的な住まいに着想を得ていることもわかる。
各部屋の分離独立という発想はどこから湧いたんだろうか。
2015年9月に出た『好きなことはやらずにはいられない 吉阪隆正との対話』（アルキテクト編／建築技術）のページをめくっていると、吉阪が描いた「とらや」の間取りが出ているではないか。例の柴又の〝フーテンの寅さん〟一家を理想的家族関係と吉阪はみており、そこから推測した間取りで、「茶の間」（居間）を中心にはしているが、各部屋が分離独立している。
ここまで来ると、近年の若い建築家たちの住宅平面の一件に触れないわけにはいかない。2000年代初頭から若手の住宅コンペの案の中に、各部屋がひとつの敷地の中で、時には町の中で分離して配される平面が現れ、そのうち西沢立衛が「森

上／3階寝室の窓。
下／階段。

3階寝室。

洗面、浴室。

山邸」(2005)で現実化した。これを私は「分離派住宅」と呼び、系譜をたどって山本理顕の「山川山荘」(1977)まで突きとめ、そのことを本シリーズに書いた。

ところが、1975年に家族の入居がなされ、1985年頃には居間の姿となった〈三澤邸〉は、すでに分離派を体現している。

西沢の「森山邸」に、私は、難民キャンプを読み取り、そう書いた。21世紀の住宅テーマであるとも書いた。そして吉阪の〈三澤邸〉は、人類史上の始原的住宅に着想を得ている、と先に書いた。

人類の始原的住宅と難民キャンプは、今こう書きながら考えてみると、よく似ているといわざるをえない。その共通性は、各部屋、各用途が分離独立していること。

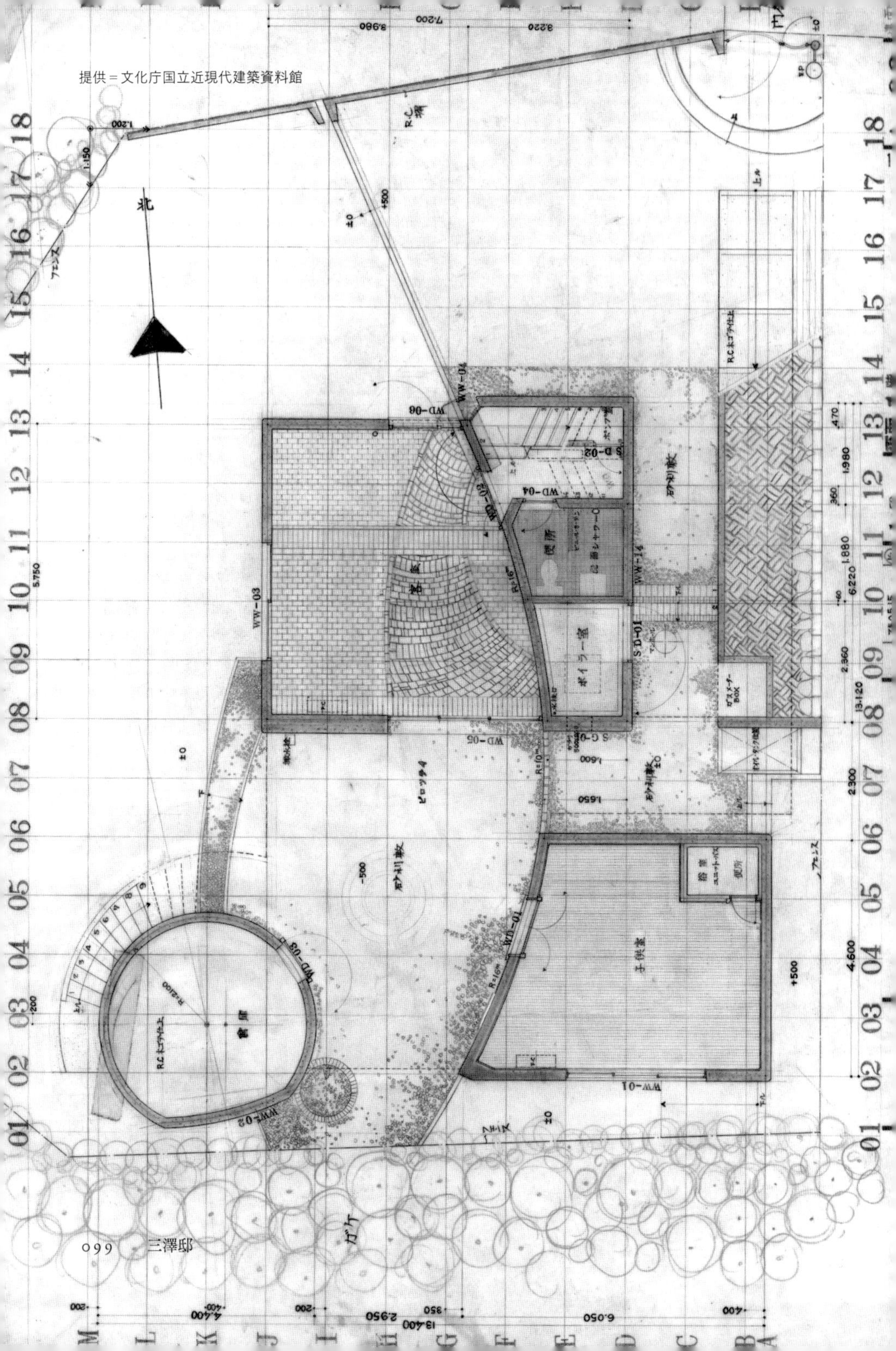

提供＝文化庁国立近現代建築資料館

屋上化したテラスの隅に埋まるのが書斎。
ドアを開けてハシゴから伝い下りる。

外観。

右／書斎の天井はスタイロフォーム張り。右手にハシゴ。
左／1階の元中庭。現在はギャラリーとして使われている。

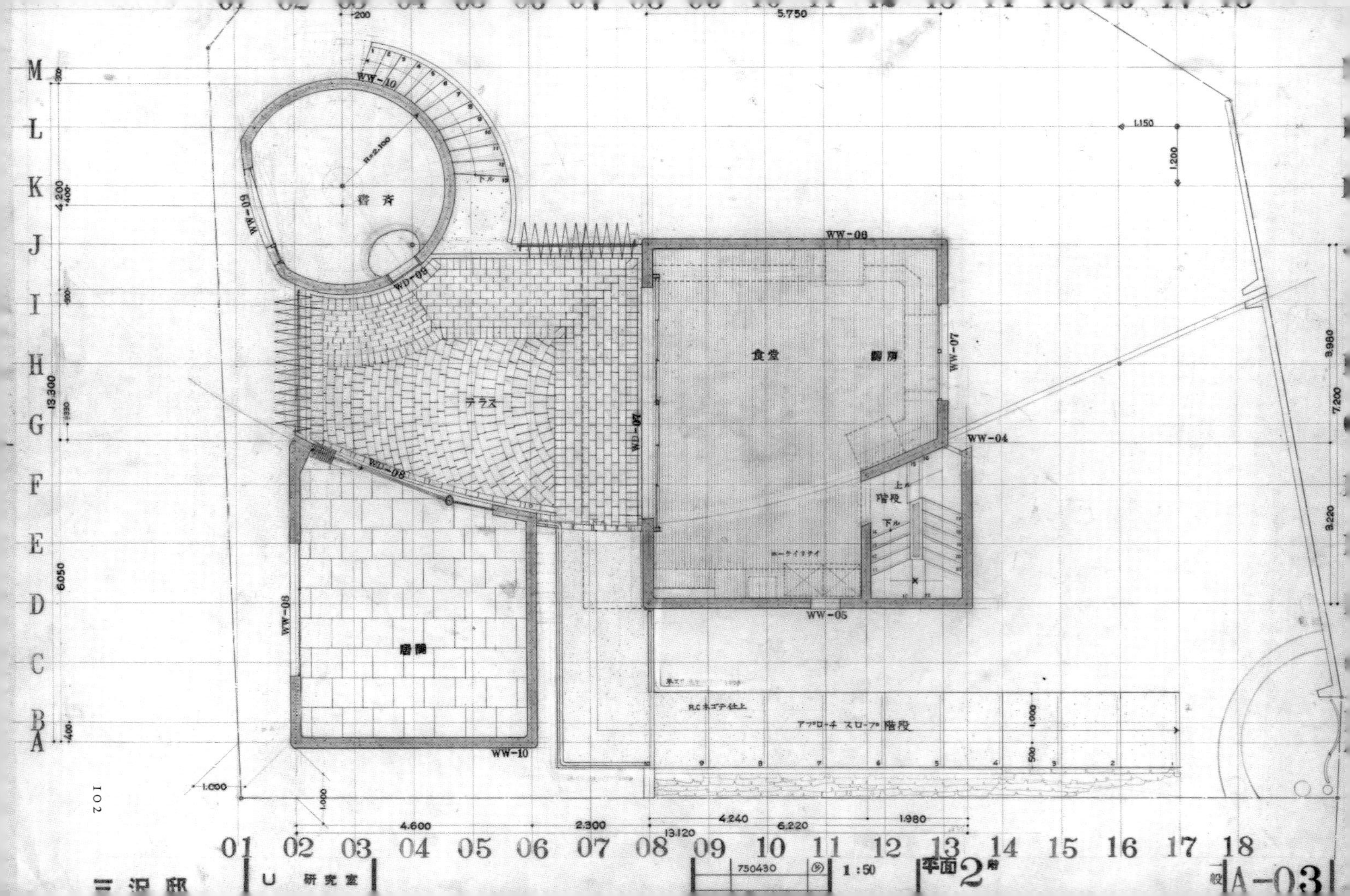
三沢邸
U 研究室
750430
1:50
平面2階
A-03
食堂
厨房
テラス
書斎
階段
上ル
下ル
アプローチ スロープ階段
R.C ホゴテ仕上
WW-04
WW-05
WW-06
WW-07
WW-08
WW-09
WW-10
WD-07
WD-08
WD-09
R=2,100
5,750
4,600
2,300
4,240
6,220
13,120
1,980
13,300
6,050
4,200
7,200
3,980
3,220
1,150
1,200
1,000

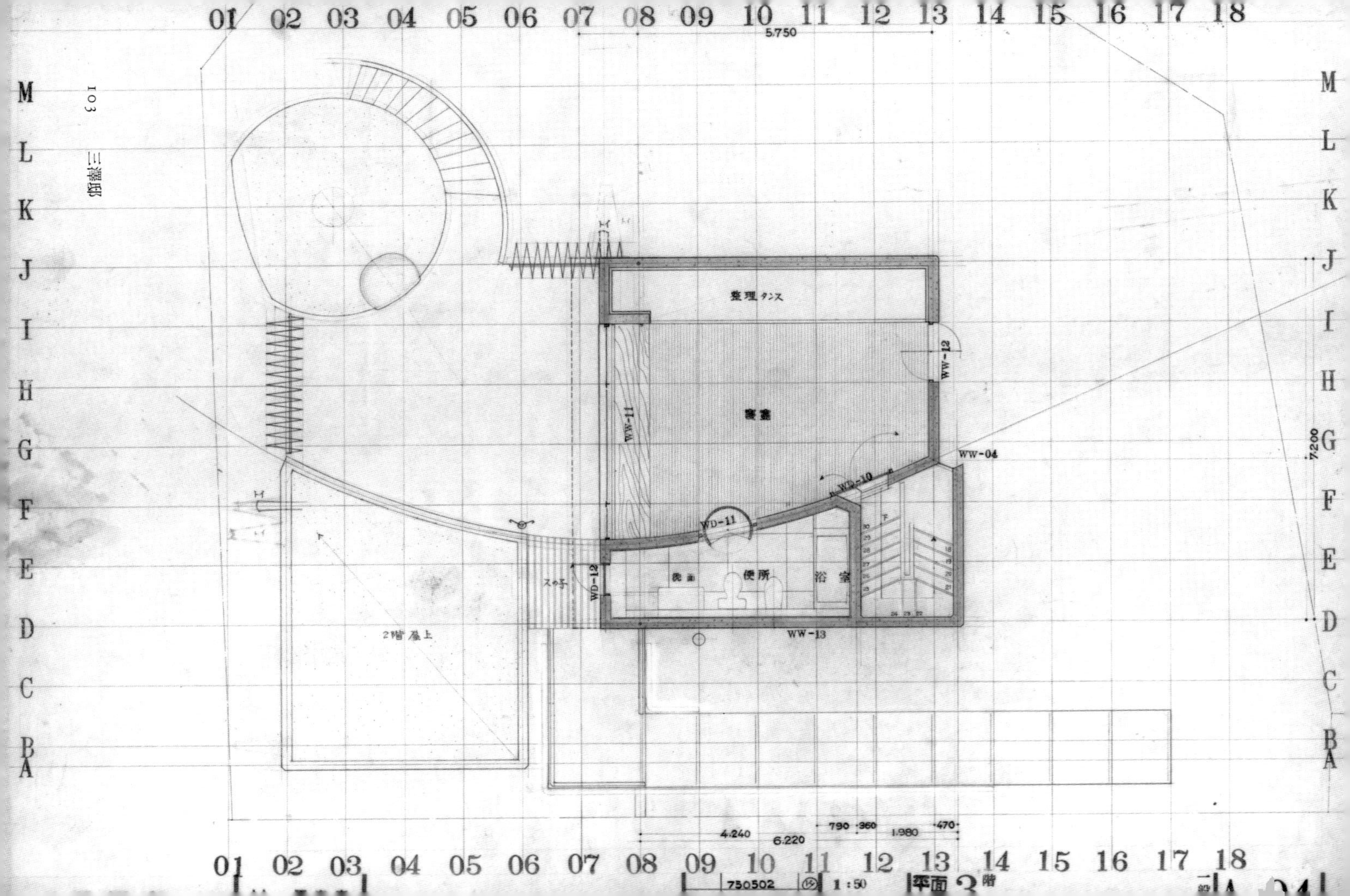

5.750
7.200
整理タンス
寝室
WW-12
WW-11
WW-04
WD-10
WD-11
WD-12
洗面
便所
浴室
スノコ
WW-13
2階屋上
4.240
6.220
790
360
1.980
470
750502
1:50
平面3階

新宿ホワイトハウス

設計　磯崎 新

主室となるアトリエ部分は3間×3間の平面の上に3間の壁が立ち上がる完全立方体であった。磯崎は、コルビュジエの「シトロアン住宅」のアトリエを意識していた、と回想している。デビュー作から磯崎好みが発揮されているというしかない。

「磯崎新のデビュー作の〈新宿ホワイトハウス〉がまだ残っている」と赤瀬川原平さんから聞いたのはいつのことだったか。いわれた辺りを探してみたが、新宿の変化は激しく、もう壊されたとしか思えなかった。磯崎さんに聞いても、「原平がそう書いているが、そもそも本当に自分が設計したのか記憶は定かでない」。にもかかわらず、なんの根拠によるのか、赤瀬川さんは「残っている」といいつづけた。

2010年10月末、事態は急変する。赤瀬川さんから電話が入り、「〈新宿ホワイトハウス〉の今の持ち主の宮田佳さんがイギリスから一時帰国し、連絡があった。一緒に見に行こう」。

〈新宿ホワイトハウス〉は、昭和32（1957）年、若き前衛芸術家の吉村益信のアトリエ兼住宅として建てられ、その後、画家の宮田晨哉氏に譲られた。今は姪の佳さんが所有し、知人が「カフェアリエ」として使っておられる（現在は閉店）。

赤瀬川さんと一緒に中に入ったとき、旧状がよく残っているのに驚き、ここで関係者の座談会を開いておく必要を感じ、『新建築』（新建築社）にお願いした。肝心の吉村さんは伊豆に引っ込んで久しく、はたして来てくれるのか当日まで不安だったが、病を押して来てくれ、充実した座談会となった。その2週間後、ひとり暮らし

初出＝2016年春号

の吉村さんは伊豆で亡くなられた。
座談の中で吉村、赤瀬川の記憶に刺激され、磯崎さんは次第にその頃のことを思い出し、デビュー作であることを認めてくれた。原案を描いて渡し、細部までは見なかったとのこと。

座談で語られながら、建築から離れるからと『新建築』（2011年4月号）掲載の座談会記録から省かれた磯崎の回想を記しておこう。ネオ・ダダ（*）展がここで開かれたときのこと、吉村が、割ったビール瓶を取り付けた細い通路をつくり、そのあいだを恐る恐る通り抜けた。こうしたハチャメチャな表現に慣れた磯崎は、その後世界のどんな破壊的表現に接しても、驚くことはなかったという。

3人が次々に繰り出す昔話を聞きながら、建築の力を思った。空間が3人の記憶と想像力を刺激し、過ぎし日のシーンがいきいきと蘇ってくる。

〈新宿ホワイトハウス〉を根城に昭和35（1960）年、ネオ・ダダが結成され、吉村、赤瀬川、篠原有司男（うしお）、荒川修作などが前衛的表現運動を開始し、丹下健三研究室の大学院生だった磯崎も、夜になると〈新宿ホワイトハウス〉に入り浸っていた。

ホワイトキューブのアトリエはロフトをもち、ロフトへは階段で上がる。階段とロフトとの接合の仕方は、とても大工の仕事とは思えず、磯崎のディテールではないかと推測する。

アトリエからロフトを見る。当初、ロフトは立ち上がり壁だけで、後に襖がはめられた。

上／塀や入り口もほぼ昔のまま。「青年芸術家の集団は大人気で、若い女性たちが群れて塀の上からアトリエ内を覗き、キャーキャー騒がしかった。その中に、湯川れい子さんも混じっていた」と赤瀬川さんの幼なじみが話していたらしい。2階右の窓がアトリエ上部、左が寝室の窓となる。寝室の下階には食道、台所、納戸、化粧室が納まる。
下／台所の流し台は、ステンレスの公団タイプ。公団用ではないが、初期の実例が残っているのはきわめて珍しい。

ネオ・ダダ結成の中核となった吉村、赤瀬川、風倉匠は磯崎と同じく大分の出で、大分の旧制中学在学中から地元の画材店のキムラヤを借りて「新世紀群」なるグループを結成していたが、それをうながしたのは上京して東京大学に入ったばかりの先輩磯崎で、東京の芸術の新しい動きを後輩に伝え、「新世紀群」の名も磯崎がつけた。

大分のキムラヤの新世紀群から〈新宿ホワイトハウス〉のネオ・ダダへと、戦後を代表する前衛芸術運動の熱気は移ることになるが、細かく歴史をたどると、キムラヤと〈新宿ホワイトハウス〉の中間に国分寺の児島善三郎アトリエ時代がある。

上京した吉村が児島善三郎の旧アトリエを借りて住み、そこに赤瀬川も転がり込み、後に赤瀬川が小説に書くような〝新しい絵画表現を求めながらどうしていいかわからない〟鬱屈した日々を送っている。その後、吉村は〈新宿ホワイトハウス〉に移り、ためた鬱屈が一気に爆発してネオ・ダダとなった。

磯崎さんを旧児島アトリエの跡に案内したとき、私が、戦後の突発的前衛運動の代表として名高い福岡の「九州派」（1957年本格的にスタート）を念頭に置いて、「大分派とでもいうべき動きがあり、大分、国分寺、新宿と移って爆発した、と考えてもいいんですか」と問うと、磯崎さんは「今から思うとそういえる」。
ネオ・ダダに行き着く大分派が〝建築家・磯崎新の成立〟に与えた影響は一考に値する。
磯崎は大分中学時代、親友の赤瀬川隼（しゅん）（原平の兄）らと演劇部に所属して舞台を制作し、また絵を描いていた。大学に入ってからも駒場時代（教養課程）はもっぱら絵を描き、先に見たように大分では「新世紀群」の先導役を果たした。その頃、磯崎本人は空襲、敗戦といった社会的体験と個人的体験から虚無を抱え込んでいた。
こうした来歴は、そのままネオ・ダダの芸術破壊的にして自己破滅的な表現活動に直結するはずなのに、なぜ飛び込まなかったのか。別のいい方をすれば、そうした虚無や破滅とその後の建築活動はどうつながるのか。
だいぶ昔、このあたりについて確かめておく必要を覚え、業界紙かなにかの座談会にかこつけて赤瀬川さんに同行してもらい、磯崎邸に聞きに行ったことがある。答えは、次のように記憶している。
「ネオ・ダダを間近に見聞し、これでは建築は不可能だから、前衛表現からは一歩身を引いた。このことを自分は忘れてはいけないと思い、前衛運動を突き進んで

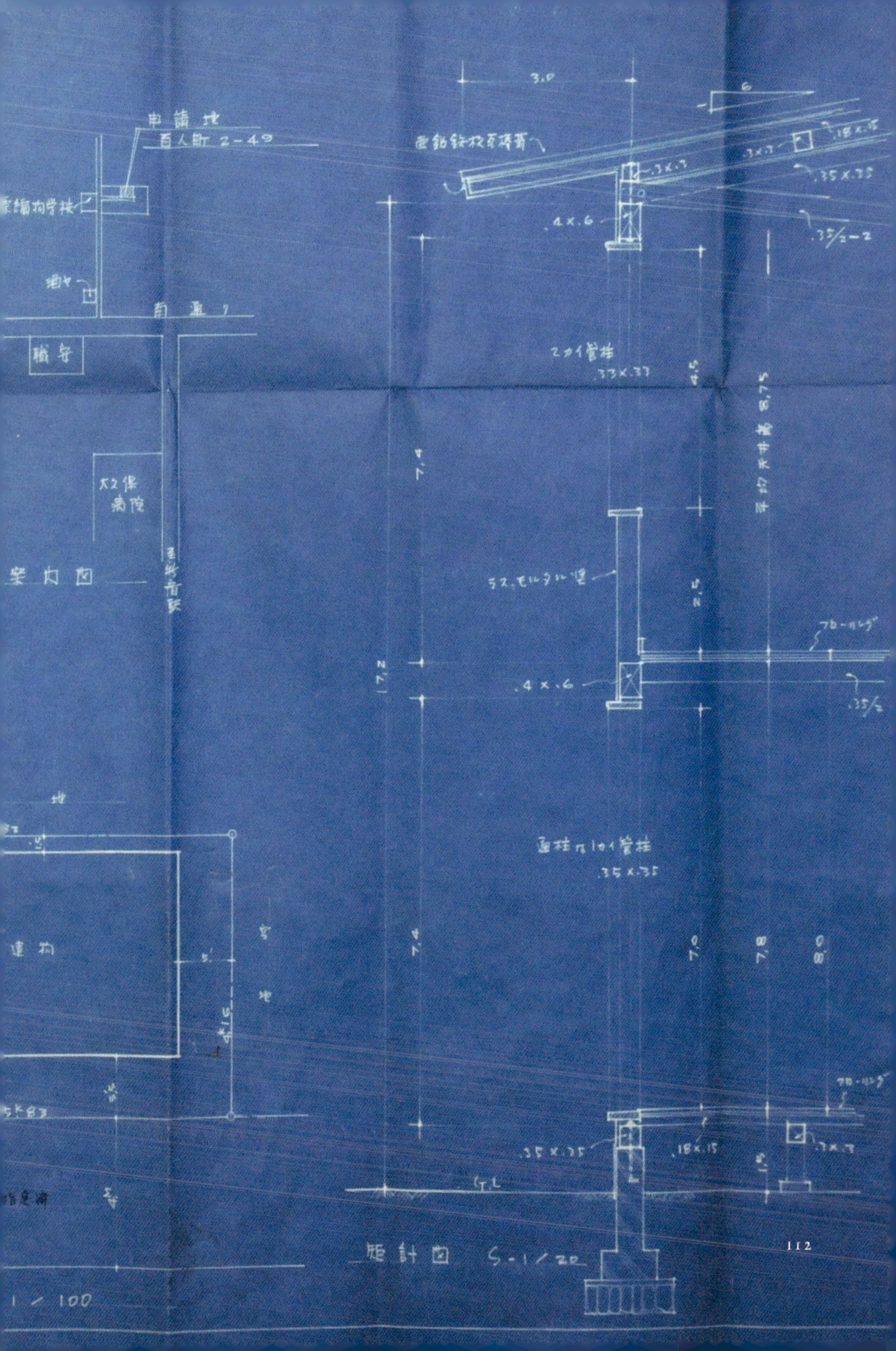

申請地
百人町 2-49
案内図
建物
1 / 100
3.0
2カイ管柱
ラス.モルタル塗
.4×.6
.35×.35
.18×.15
7.4
17.2
G.L
矩計図 S-1/20

磯崎が吉村に描いて渡した図面は残されていないが、磯崎案に基づいてつくられた確認申請用の青図が伝わる。
提供＝宮田 佳

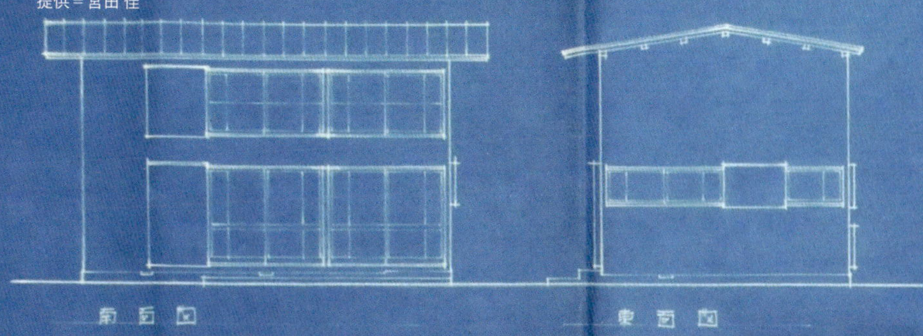

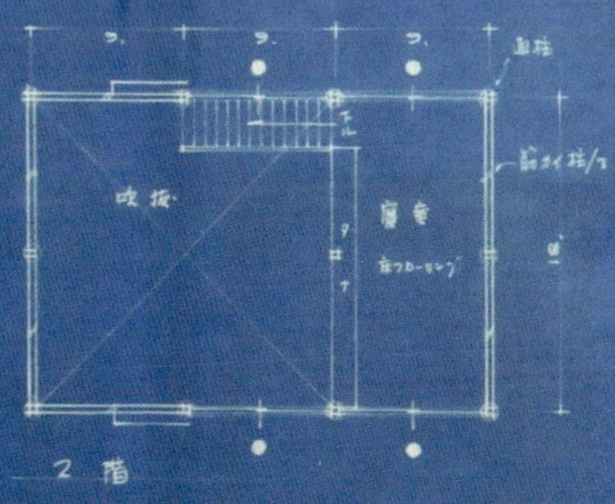

敷地		24.34 T
建物	1カイ	13.50 〃
	2カイ	4.50 〃
	計	18.00 〃

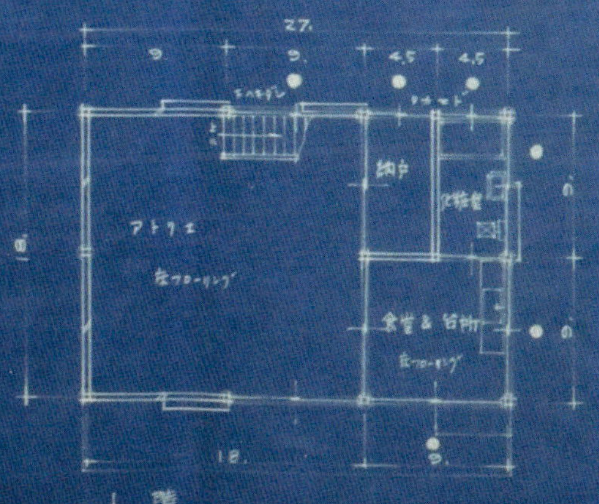

自殺したフランスの建築家の版画を玄関に掲げ、自戒とした」
仲間たちが前衛表現の道を突き進んだ果てに、断崖の縁から谷間に身を投ずるのを目撃しながら、自分は立ち止まった。そういう青年に挫折感が湧かなかったとは考えにくい。

この挫折を経て、建築家・磯崎新が誕生したのではないか。前衛的表現と思想にはつねに寄り添う発言を重ねながら、実際につくる建築においては一定の距離を保ち、決して縁からは飛ばない磯崎新。縁で立ち止まるのは、建築家をほかの表現者と分かつ哀しい宿命というしかない。

この宿命への自覚をずっともちつづけたことが、戦後の建築界と文化全般の中で磯崎を際立たせてきたのではないか。

＊ネオ・ダダ…「ネオ・ダダイズム・オルガナイザーズ」の略。１９６０年に、吉村益信、赤瀬川原平、荒川修作、篠原有司男、風倉匠らが、〈新宿ホワイトハウス〉を拠点に始めた前衛芸術運動。

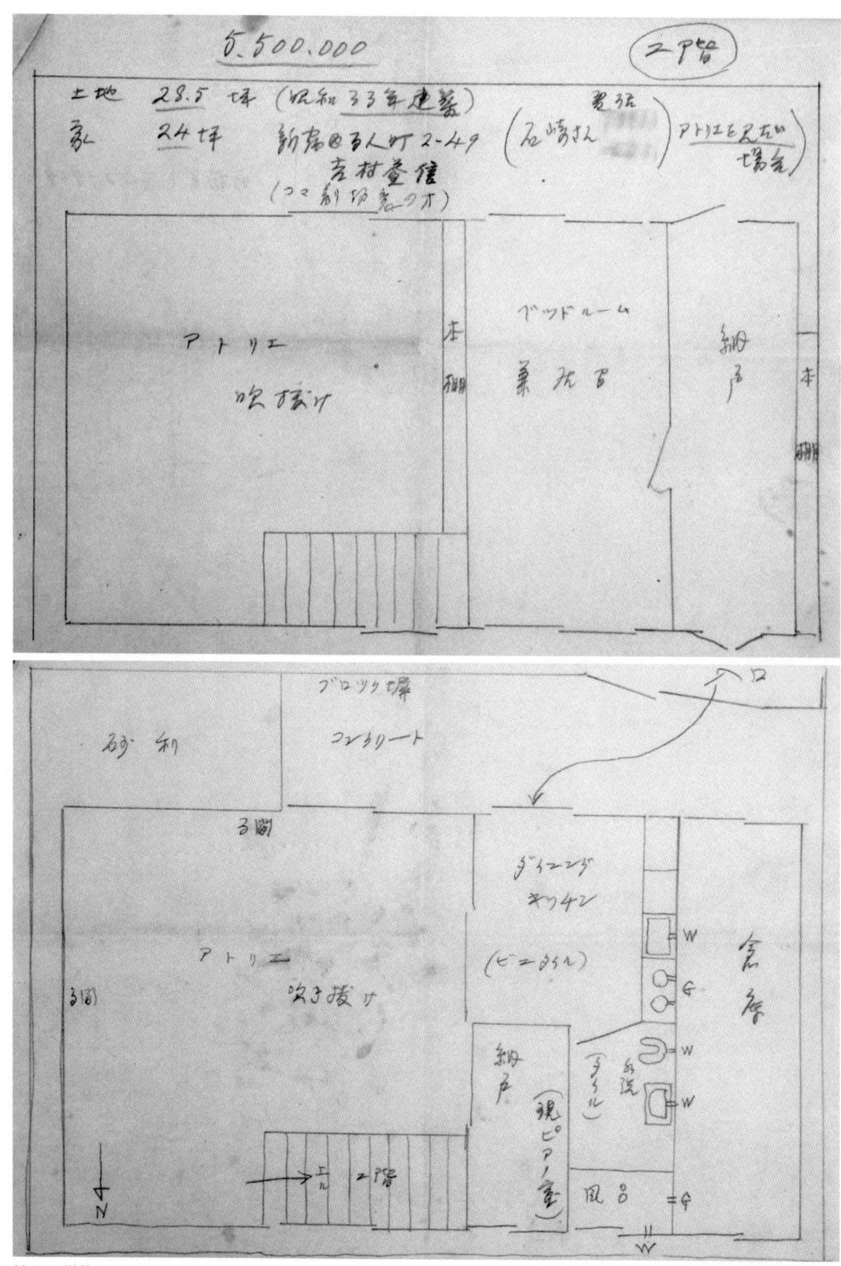

納戸の増築にあたり、吉村が描いたスケッチ。提供＝宮田 佳

三層の家

設計　中谷礼仁＋ドット一級建築士事務所

1階ダイニング。右手には中庭につくられた畑が見える。

〈三層の家〉が東京の浅草方面にあると聞いて、小さな感慨を覚えた。
このシリーズの場合、所在地を編集者から伝えられると、まずその近辺にあるかつて訪れた建物を思い浮かべることから始まる。これまでの半世紀におよぶ建築探偵稼業の中でたいていの地方都市は訪れ、古社寺をはじめ古民家などの歴史的建築と明治以後の近代建築の主なものは見ているし、とりわけ東京については誰より詳しく歩いてきたつもりなのに、浅草方面については〈六区の映画街〉しか浮かんでこない。
東京にとって浅草という地は決定的に重要で、そもそも江戸・東京という近世以後世界最大の人口を抱える都市も、歴史をたどると浅草からスタートしている。江戸・東京が東京湾の奥に位置する葦（よし）の茂るただの低湿地にすぎなかった古代のある時期、隅田川の河口で魚貝を採っていた漁民が、川の中から黄金に輝く仏像を引き揚げ、河口の小高い陸地に安置して祀ったことから浅草寺が誕生し、やがて門前門後に人々が集まって集落となり、さらに発展し、徳川家康が幕府を開き、今の東京に至る。
その間、江戸・東京の木造都市は何百回もの大火に襲われ、旧湿原ゆえの隅田川

初出＝2016年夏号

の氾濫にやられてきた。近代に至ってからでも、関東大震災と戦災に焼かれている。

"都市の重心"の移動もあった。物体と同じように、都市にも、場所ごとの経済力や地価などの分布から算出可能な中心の一点（重心）が存在する。現在の東京は大きく見ると北から南へと中心地域は南北に伸びるが、歴史を振り返ると、古代、江戸時代、近代そして現代まで含め、なぜか重心は北から南へと移動し続ける。

江戸時代は日本橋と浅草のあいだあたりにあったはずの重心は、明治期の銀座煉瓦街と丸の内オフィス街の開発さらに震災復興期の日本橋魚河岸の築地移転により一気に南下し、戦後も続き、現在は、羽田空港とリニア駅によりさらなる南下が予想されている。私がこのことを実感したのは震災復興期に下町の商店街に出現した〈看板建築〉の調査をしたときで、神田を中心に分布する看板建築は、浅草方面には少なかった。だから、打放しコンクリートの個人住宅があると聞いて、小さな感慨を覚えたのだった。

家の前に立って見上げ、自閉系であることに気づく。窓と出入口が街に向かって開いていない。1階は採光だけのためのガラスブロックで、2、3階も縦長の同様のスリット、2階右の四角な小穴も開口部とはとてもいえない。スリットと小穴で

中庭からの見上げ。

上／東側外観。1階は打放し、2、3階と屋上の立ち上がりはコンクリートブロック。開口部の少ない自閉型の都市住宅。コンクリートブロックの壁には梁が走っていないことに注目。
下／左手に中庭をのぞく。

は城の銃眼ではないか。

ひさかたぶりに目にするコンクリートむき出しの自閉性都市住宅。ただちに安藤忠雄の「住吉の長屋」（1976）をはじめ70年代に日本でのみ爆発的に出現した一連の住宅を思い浮かべるが、ひとつ違い、コンクリートむき出しとはいっても、打放しだけではなく、コンクリートブロックを使っている。

それも、打放しのラーメン構造の壁にブロックを詰める一般的なやり方ではなく、1階は全面打放し、2階、3階は全面ブロックという珍しいやり方で表現している。20世紀初頭よりコンクリートをどう表現するかという難題が生じ、フランス、ドイツ、日本の3カ国の建築家が先駆的に取り組み、たとえばフランスは〝打放し〟を、ドイツは〝ハッツリ〟を、日本は〝打放し〟と〝ブロック〟と〝モルタル塗り〟を試み、そして結局、打放しが正解ということになった。

ブロックはいわば負けるのだが、しかし、基層を打放しにしてガッチリ固め、上層をブロックにして軽やかに見せるというこの家の造りを見ると、ブロックによるコンクリート表現はもっと試す価値があったんじゃないかと思われてくる。こう思い返しても世界の近代建築史上、日本ほどちゃんとした建築家がブロック表現に取り組んだ国はないのだから。
外に閉じたコンクリート砦の中はどうなっているのか。これまで自閉性住宅をいくつも訪れてきた経験から予想はつくが、実際に入ってみると、違った。安藤の「住吉の長屋」も伊東豊雄の「中野本町の家」（1976）も、コンクリートの砦の中には採光と通気のため小さな中庭的隙間がとられていたが、〈三層の家〉の中には土があり畑があった。大地が顔を出していた。
そして、その大地を掘り起こし、出土した溶けた瓶や焼き物の類を棚に並べ、繰り返された被災の跡が可視化されていた。
建物を見ただけではわからないことがこの家にはある。設計主旨の文にも、取材の折に設計者・中谷礼仁からの説明もあったが、テーマが〝葬送〟なのだ。死者の霊をどう扱うか。
中谷が言うように、死者の霊の扱いは、建築や庭園の本質的テーマにちがいない。なぜなら、1885年、〝神は死んだ〟ことになる以前、建築や庭園を動かす原動力は人間の魂（霊）の行方を司る神にちがいなかったし、宗教建築も庭（浄土庭園、禅の石庭）も、人間の魂がこの世から別の世界へと速やかに抜けていくために工夫され

3階は、法要室として計画されたが、通常は「音の実験室」となっている。壁には好みの絵がかかる。右手の奥のオープンスペースが〝霊の空間〟となる。

〝霊の空間〟の中心となる納骨室。

3階納骨室下のネマ。臨終の際に抜け出た霊は天井のガラスブロックを通って屋上へ。
さらに別世界へと上昇する。

た空間だった。

〈三層の家〉の上層部は、遺体から離れた霊がどう天井を通って別世界へと抜けていくかを考えてつくられている。たとえば、遺体を安置する一画の天井の鉄筋コンクリートスラブはガラスブロックにして通りやすくするとか。

別世界へ抜けるというと、現代建築とは無縁と思われるだろうが、それは違う。グロピウスを例外として、ミース、コルビュジエ、ライト、アントニ・ガウディ、丹下健三を問わず、近年ではフランク・ゲーリーの「ビルバオ・グッゲンハイム美術館」（1997）がそうであったが、世界の巨匠たちの代表作を前にしたときに覚える〝自分の中がカラになるような幸福感〟は、あれは自分の中のなにかが抜け出る幸福感にちがいなく、その元をたどると神がまだ生きていた頃の宗教建築や庭に通じている。ひそかに通じている。言い方を変えるなら見る人の心を震わせる建築は、別世界を予感させる質をもつ。

〈三層の家〉に戻る。東京の最ディープにつくられた家は、コンクリートの壁の内側にひそかに大地をムキ出し、井戸のようにして地と天のあいだに空間の垂直軸を通していた。最ディープにわだかまる諸々の霊は、速やかに抜けていくだろう。

3階から階段室の見下ろし。

2階の開いたアーカイブ。中央の棚には発掘品が並ぶ。

南東側外観。

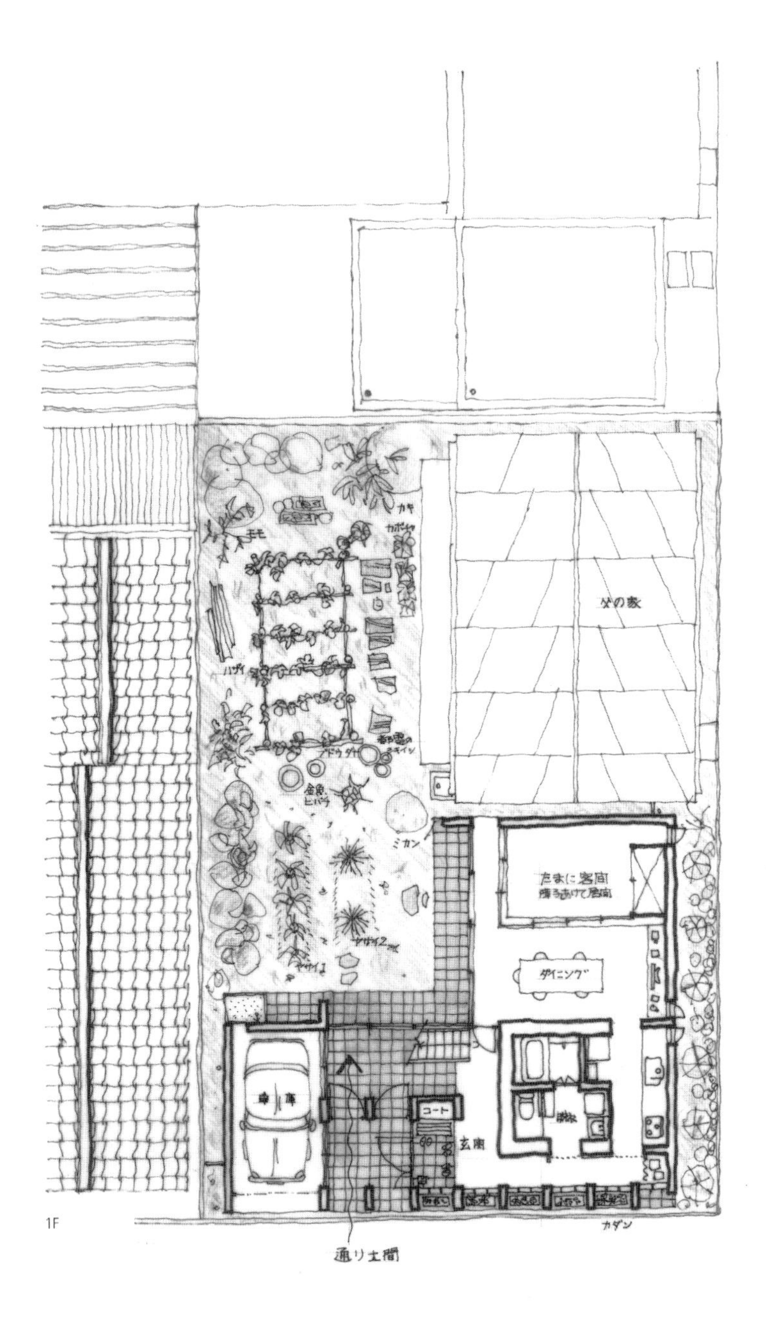
カキ
モモ
カボチャ
父の家
ハザイ
香り園の
ブドウダナ
金魚
ヒバチ
ミカン
たまに客間
障子あけて居間
ヤサイ2
ヤサイ1
ダイニング
車庫
コート
玄関
1F
カダン
通り土間

ドウロ

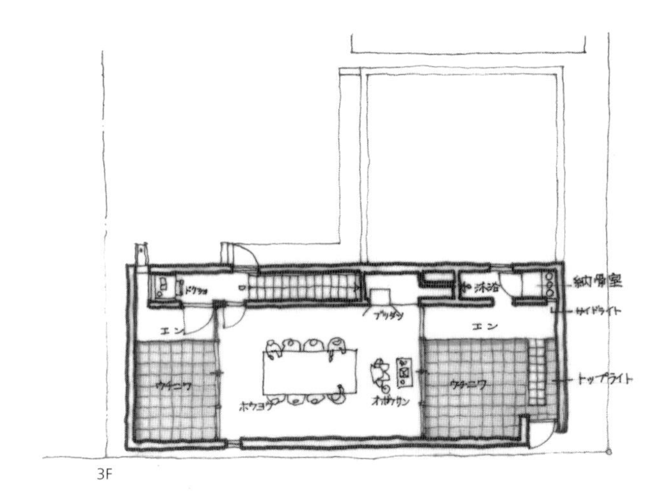

3F

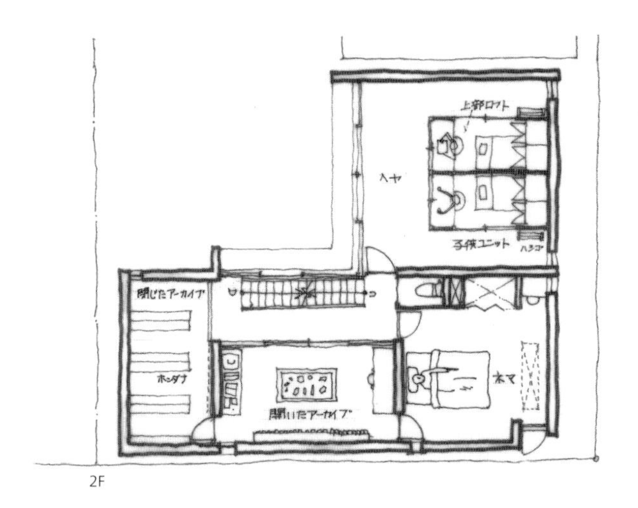

2F

N S = 1/200

提供 = 中谷礼仁

天と地の家

設計　石井 修

見えているガラス窓の部屋は主室として使われ、その下は土。主室の前には屋上庭園が広がり、主室の上も屋上庭園となり、斜路で上がることができる。

もう20年以上にわたり建築緑化に関心をもち、日本と世界のあれこれの実例を訪ねたり調べたり論じたりしてきた。そして、自分でも、失敗が多いものの、試みつづけてきた。

戦前は除いて、戦後の建築界では誰が一番早く取り組んだのか。一度だけ取り組んだ人は除いて、誰が取り組みつづけたのか。私が知るところによると、石井修にほかならない。

石井修というと、西宮の目神山に長年にわたり自邸をはじめいくつもの住宅を手がけ、自作によってひとつの郊外住宅環境を形成したことで知られるが、その目神山住宅群の中でも屋上庭園はつくられている。

目神山を離れて、石井の屋上庭園の中でどの作が早く、かつ充実しているかといえば、やはり1974年の〈天と地の家〉にちがいない。現代のそして今後の重要テーマとなる建築緑化の問題を考えるとき、この家を忘れるわけにはいかない。

建築家の石井智子さんを通して施主の故・植田博光氏のご家族と連絡がつき、このたび泉北ニュータウンを訪れた。

植田氏は業務用厨房機器を扱う会社を大阪の天下茶屋の町屋で営んでおり、その

初出＝2017年新春号

暗さと湿度と教育環境がよくないことから脱出を企て、まず憧れの千里ニュータウンを狙ったが抽選にはずれ、次に自分と義弟のふたりでそれぞれ泉北ニュータウンに応募し、やっと当たった。当時のニュータウンはそれくらいのものだった。そして、商売を通して旧知の石井に依頼する。

娘の大野さんは、天下茶屋の町屋で石井の持参した住宅模型を目にしたときのことを昨日のことのように記憶しておられ、油土とバルサの模型に「こんな家に住むのか、と驚いた」という。今でこそ屋上庭園はそこそこ理解されているが、なんせ42年も前のこと、家の上に草が植わっているだけならまだしも、土の中に半分埋まって顔だけ出しているように見えるのだから、驚いて当然だろう。

外観は三角定規をふたつ立てたような山形を打放しでつくっており、丹下健三の「日南市文化センター」(1962)をしのばせる大地から岩が突き出すような強さは感じられるものの、屋上のただならぬ様子は外からはうかがえない。中に入り、1階の主室(茶ノ間、食堂、台所)に上がり、茶ノ間の畳に座って障子を開けると、42年前の施主ならずとも、建築緑化には目が肥えているというかスレッカラシの私でも驚く。

入り口の右手には石井好みの丸い穴があく。

屋上庭園の頂部に立つ。

古墳のような埋まり方。

1階。食堂から右手に台所を、奥に茶ノ間を見る。

尻の下の床が、大きな開口部を通って、そのまま外の芝生まで延びて広がって見えるのだ。そしてゆるやかに上がり、先には庭木が生え、まわりの家並みは隠される。屋上庭園は数あれど、屋上庭園の中に家と自分が少し沈んで位置し、しかし暗さと湿気は払われ、陽光を浴び、空が広く感じられるような屋上庭園と住まいの関係は初体験。

芝生の呼び声に誘われて外に出て、主室の屋上庭園の傾面を上がり棟の上に立つと、周囲の光景は一気に開け、足下には芝生の斜面と周囲の家々が、遠くには泉北ニュータウンの独立住宅と集合住宅越しに堺の海が望まれる。

地階に少々湿気がこもるものの、主室は明るく快適で緑も心地よく、戦後につくられた屋上庭園の代表作と評して構わない。

石井はなぜ屋上庭園に生涯かけて取り組んだのか。コルビュジエが近代建築の五原則の2番目で述べたように、〝1階をピロティによって交通用に開放し、その分減った緑を屋上で補う〟という考えからではないことは、地階をピロティ状にしていないことからわかるが、ではなぜなのか。

私が注目したのは建物と地面の接点の処理だった。写真でわかるように、側溝の内側にまず自然石を乱石で積む。ここまではふつうの石垣だが、その先がふつうとは異なり、石垣の上端は凸凹のままにし、じかに芝を生やし、そのまま盛り上げて雑木を植え、盛り上がった上端で、これまたじかに打放しの壁が立ち上がる。石垣と土手、土手と建築のあいだがじかに連続し、石垣と土手の境を画すモルタル塗りとか、土手と建築のあいだを切る溝や犬走りとかそういう断切要素をなくしている。

その結果、大地と建築のあいだが連続し、建物が大地の中から生え出たように見えてくる。

石井が大地と建築の関係にきわめて自覚的だったことは〈天と地の家〉という命名からも、次の設計主旨からも明らかになる。

「長い人類の住生活が地表のみで行われるようになったのは、いつ頃からであろう。横穴の住居、竪穴の住居、それに地上にそびえ立つ現代の住居、そこには人類と自然との果てしない葛藤の歴史がある。そしてこの住宅が、古代の竪穴式住居を回帰点として土や緑の自然を身近において暮らせる住宅となったとき、現代人である私たちの生活にない、何ものかをもたらしてくれることができるのではなかろうか」

縄文時代の住居形式として知られる竪穴式住居を強く意識して設計したことがわ

障子を閉めると、菊竹清訓の「スカイハウス」感が生じる。

1階茶ノ間。右手には屋上庭園が広がる。

施主の母のための部屋（元は客室）。

中間には小さな中庭が口をあける。

かるし、現代人の生活から失われたものを取り返そうとしたのだともわかる。
縄文住居を念頭に置いた近代住居の第1号は、昭和12（1937）年の白井晟一の「歓帰荘」で、第2号は昭和49（1974）年の石井修の〈天と地の家〉ということになる。その間、37年。石井が白井に関心を示していたなら歴史家としてはうれしいが、そういうことはなかったようだ。

地階
提供＝石井智子／美建設計事務所

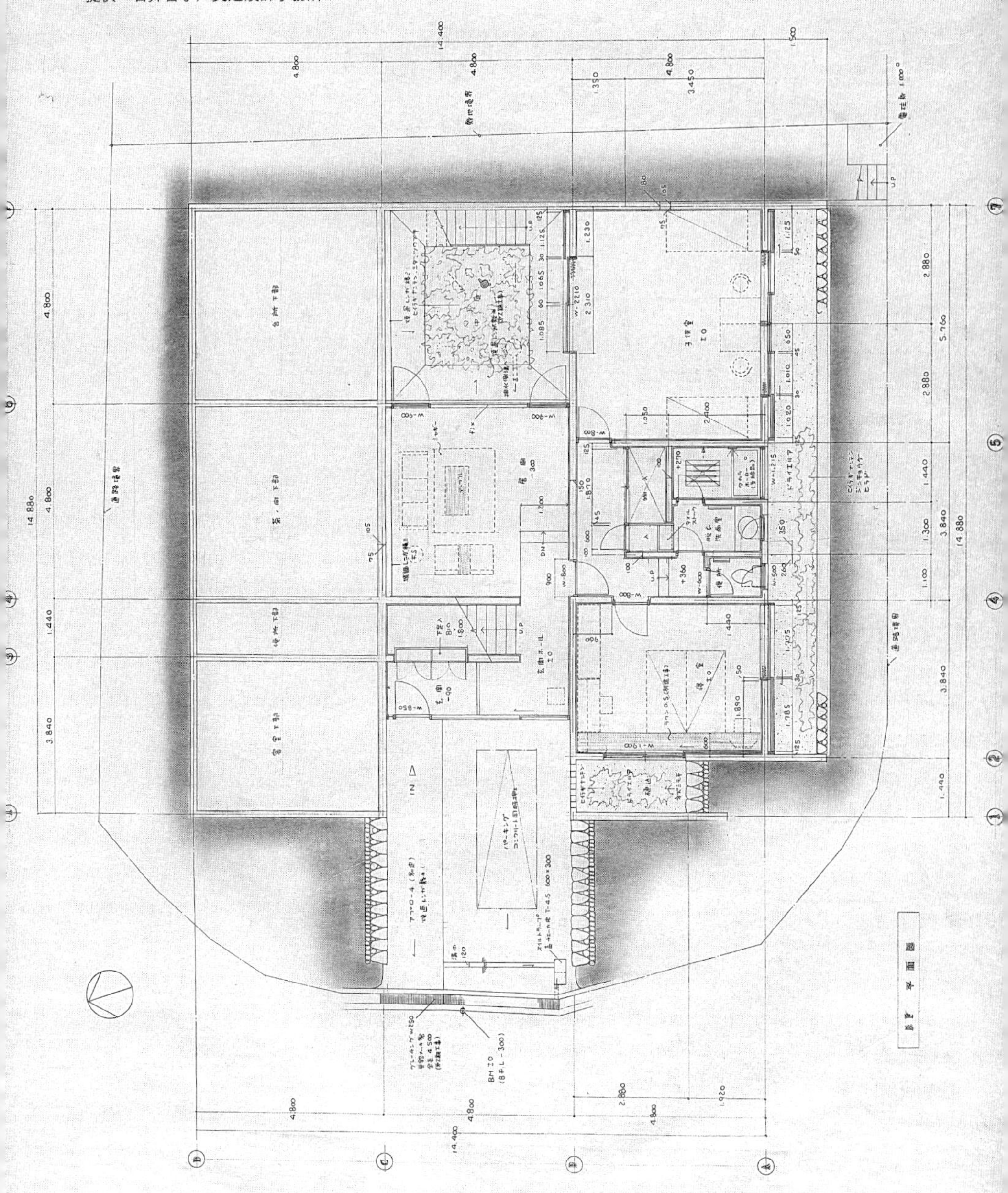

地階の居間から中庭を見る。

地階の子ども室。

上／建物と地面の接点に注目。
下／1階から地階に下りる階段。

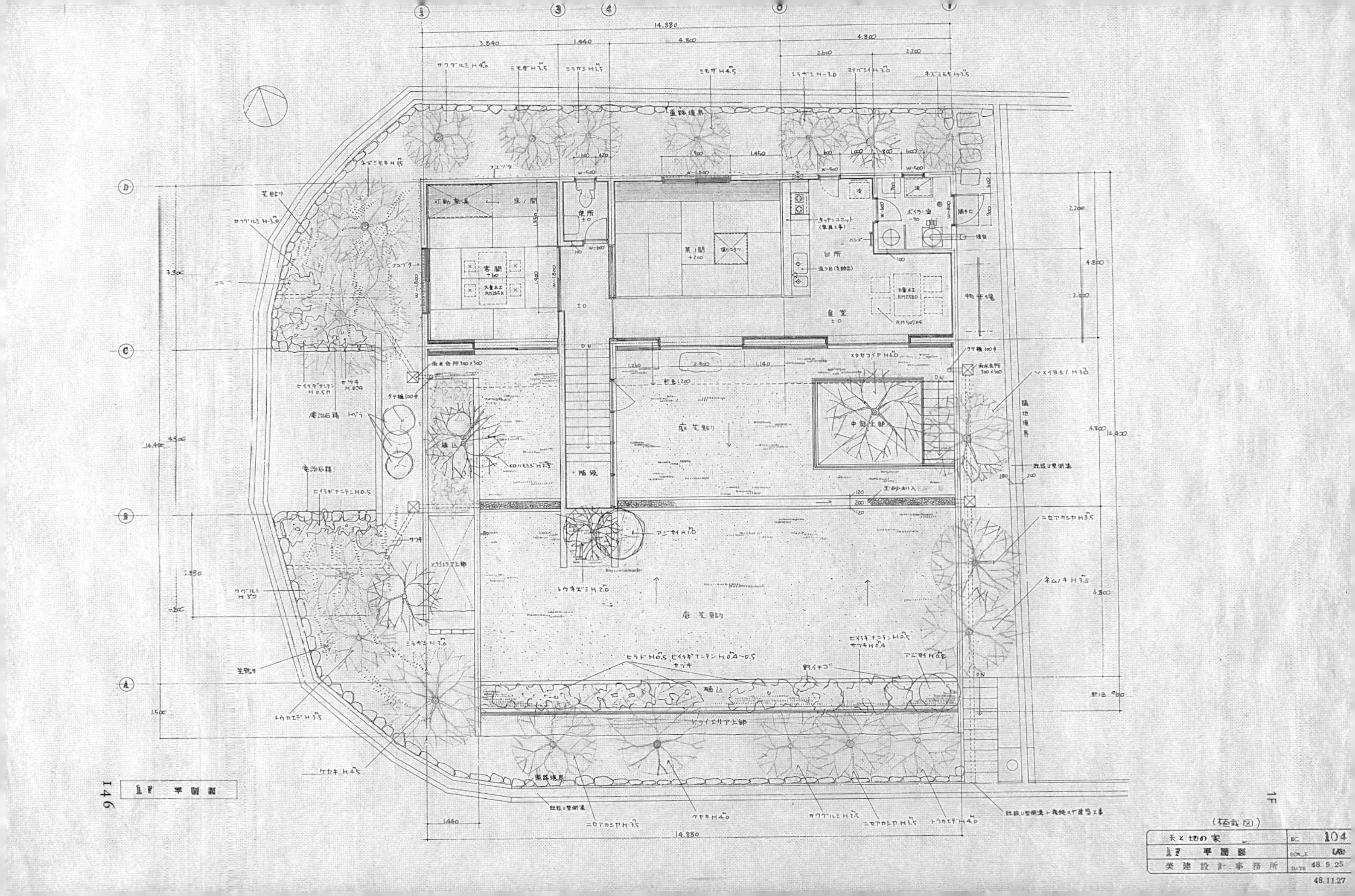

(植栽図)
天と地の家
1F 平面図
美建設計事務所
104
1/100
48.9.25
48.11.27
1F
1F 平面図
客間
床ノ間
可動家具
便所
茶ノ間
台所
食堂
ボイラー室
勝手口
物干場
階段
庭芝貼り
中庭上部
植込
ドライエリア上部
道路境界
隣地境界
14.880
4.800

東西断面図、南北断面図

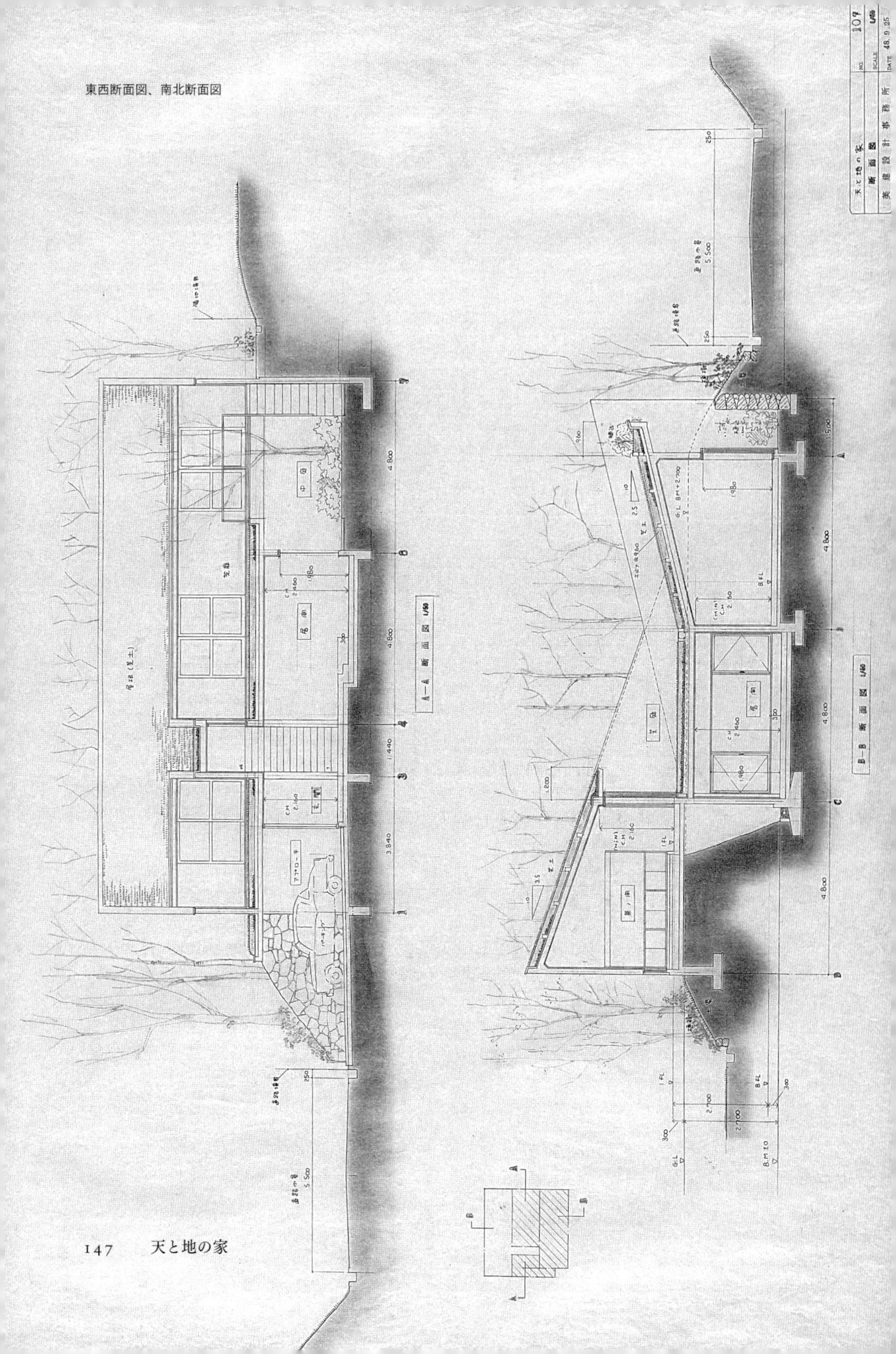

A—A 断面図 1/60
B—B 断面図 1/60
天と地の家
断面図
美建設計事務所
NO. 107
SCALE 1/60
DATE 48. 9. 25

三岸アトリエ

設計　山脇 巖

2階からアトリエを見る。アトリエ室内の主役は鉄製まわり階段。

このシリーズで〈三岸アトリエ〉を取り上げていないことに気づき、何年かぶりで出かけた。

初めて訪れたときがいつなのかうろ覚えだが、まだ〈三岸アトリエ〉の存在が建築界では知られていない頃で、三岸好太郎・節子夫妻の長女の向坂陽子さんが迎えてくれた。今回は向坂陽子さんと娘の山本愛子さん。

よくぞ今日まで残ってきてくれた。本来なら鉄筋コンクリートでつくるべきバウハウスのデザインを安価につくるという無理難題を敢行し、当然のように完成後、日本の夏暑く冬寒く、夏も冬も雨の多い気候にさらされて、壁も屋根も仕上げもディテールも満身創痍になりながら、凛として立っている。表現におけるその強い持久力を可能にしたのは、外観においては大ガラス、室内においては鉄のまわり階段のふたつ。

遠目に眺めても中に入って確かめても、このふたつしか印象に残らない。〝このふたつさえあれば、そのほかはどうでもいい〟、そんな突き詰めたというか切り詰めた表現意欲がヒシヒシと伝わり、見る者の心を打つ。

まず、この小さなアトリエ建築の日本近代建築史上の位置について述べよう。

今日の世界の建築表現のベースを決めたのは１９２６年竣工の白い四角な箱に大

初出＝2017年秋号

ガラスをはめた「バウハウス校舎」で、日本の若手建築家はすぐ反応し、何人もが入学したり見学に訪れたりしている。

バウハウスを源とするモダニズムの流れは、流れはじめ6年後、コルビュジエが1932年の「スイス学生会館」において袖を分かち、白い箱と大ガラスの表現に代えて、粗い打放し、自然石、曲面、曲線によるダイナミックな造形美を打ち出す。モダニズムは、こと日本への影響に限ると、バウハウス派とコルビュジエ派に分かれて、以後、流れてゆく。前者を白派、後者を赤派のモダニズムと私は呼んでいる。

紅白の二派に分かれて流れはじめた日本の初期モダニズムで注意してほしいのは木造の一件で、鉄骨造と鉄筋コンクリート造という近代的材料によって生み出されたモダニズム表現を、日本の建築家は木造に置き換えるという世界にもまれな試みに取りかかり、これを今では〝木造モダニズム〟と呼ぶ。

実作についていうなら、白派木造モダニズムが日本で初めて試みられたのは土浦亀城設計の「初代・土浦亀城邸」で1931年のこと。次は堀口捨己による1933年の「岡田邸書斎」、そして1934年の〈三岸アトリエ〉となる。

つまり、白派の木造モダニズムとしては「初代・土浦亀城邸」、「岡田邸書斎」と

九間の白いアトリエは、戦後の磯崎新の〈新宿ホワイトハウス〉に通ずる。

アトリエの北側には採光窓。

道路側からの全景。手前の出っ張りが玄関。

アングル材をカクカクと曲げてつくった苦心のまわり階段を見よ。ここまでしてでもやりたかった。

並んで最初期の実験作にして、かつ「初代・土浦亀城邸」も「岡田邸書斎」もなき今、唯一の実例にちがいない。
〈三岸アトリエ〉以後の白派木造を確かめると「二代・土浦亀城邸」（188ページ）、「山田邸」（1935／山口文象設計）などと続くが、後者は取り壊され今はない。
バウハウス直系といってかまわない白派の木造モダニズム作品としては、現在、1934年の〈三岸アトリエ〉と1935年の「二代・土浦亀城邸」の2棟しか存在しない。
2棟を比べると興味深い違いがある。
本来なら鉄筋コンクリートでつくるべき白い箱をなぜ木造に置き換えたかについて生前、土浦先生にたずねると、「ふつうの人の住宅を改良するには、日本の場合、木造でなければならない」と答えられた。
経済的にそう恵まれない市民のため、モダニズムで住宅を向上させようという社会改良的動きは、当時のヨーロッパのモダニストのあいだでは一致しており、1927年にはワイゼンホーフ住宅展が開かれ、グロピウス、ミース、コルビュジエをはじめ、20世紀建築をリードするメンバーが鉄筋コンクリート造の白い箱に大ガラスのデザインで参加している。当時、こうした改良住宅をまとめて建てる例をジードルングと呼んでいたが、土浦は、仲間の斎藤寅郎（建築家／朝日新聞記者）と組んで、二代自邸を含め4軒の木造の白派バウハウス住宅を白金の長者丸に集中して建て、ミニ・ジードルング（ただし独立住宅）を実現している。

一方、〈三岸アトリエ〉はどうか。なぜ白い箱に大ガラスを木造でやったのか。

三岸好太郎と山脇巖は山脇が上野の美術学校（現・東京藝術大学）時代に見知っていたが、具体的関係が始まったのは、山脇がバウハウスに留学して帰国した翌年の1933年、朝日新聞が主催した「欧州新建築展」（出展者／山脇巖、今井兼次、蔵田周忠、吉田鉄郎、山田守）に山脇がバウハウス建築を出したのを三岸が見に来て、声をかけたのがキッカケだった。なお、このヨーロッパのモダンな動きを伝える展覧会を企画し実行したのは斎藤である。土浦が招かれなかったのは、土浦の留学先がアメリカで、欧州建築の新しい動向を伝える展覧会にはふさわしくなかったからか。

モダニズムの前衛画家としてヨーロッパの先端デザインの動きを熟知していた三岸は、夢を託すべき建築家を探して展覧会に出かけ、旧知の山脇に出会い、ここからすべてがスタートする。そして設計を終始リードしたのは画家のほうだった。

上／1階の応接間。
正面の黒い電熱暖炉は昔のまま。
下／右手のアトリエと左手の道路脇の
塀のあいだの狭い通路を経て、玄関へ。

上／2階の〝書庫兼書斎〟が好太郎亡き後に
残された三岸節子一家6人の住まいとなる。
中／玄関に残るコートと帽子掛け。
下／現在も大切に継承されている。

経済的にはまるで恵まれない前衛画家が白いバウハウス建築のどこに魅せられていたんだろう。この謎を解くカギは建築そのものの中に隠されている。

今回久しぶりに3回目の探訪をして、ふたつの異様に気づいた。ひとつは、アトリエに不可欠の大ガラス窓の付く方位で、本来なら北側に開けるべきをなんと南側に大きく開口している。そう広くはない建築の全景をとらえることのできる道は南側を走っており、画室としての実用性より建築の表現を優先した結果だった。

もうひとつは、道から玄関へのアプローチが異様で、道から直接入ればいいものを、手前で敷地に入り、塀とアトリエのあいだの隙間を歩いてから玄関に入る。

なぜこんな面倒な動線処理をしたのか。今は失われたこの特殊な動線を昔の図面と写真で追体験して、わかった。来客を大ガラスに直面させるためだった。加えてもうひとつ、大ガラスの向こうに姿を見せるまわり階段にも直面してほしい。

当時、まだ日本には2階分の高さの連続大ガラスも、その大ガラスがそのまま建物の角をまわる表現も、住宅は当然あらゆる種類のモダニズム建築で実現していなかった。

画家が求め、建築家が実現したのは、大ガラスであり、大ガラスがもたらす大量の光だった。そして充満する光の中にふさわしい建築的造りは鉄のまわり階段だけ。

そのほかはどうでもよかったし、今、訪れてもそのように見える。初志貫徹。なお、三岸好太郎は、工事中、絵を売って建設資金を得るべく名古屋方面に出かけたまま、病没し、竣工を見ることはなかった。竣工後はアトリエを見下ろす狭い2階に、三岸節子は長女の陽子など家族6人で住みながら、絵を描きつづけていた。

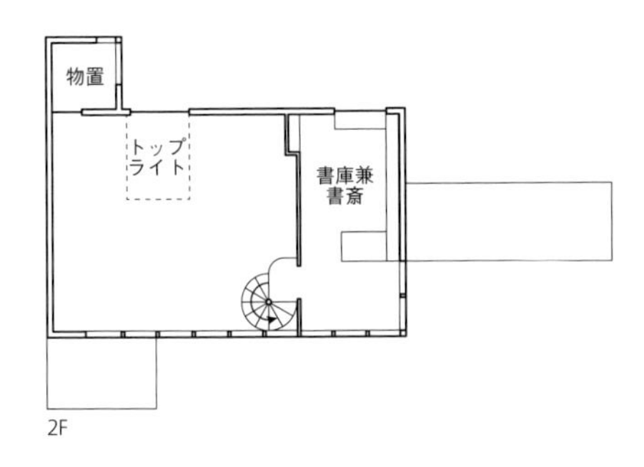

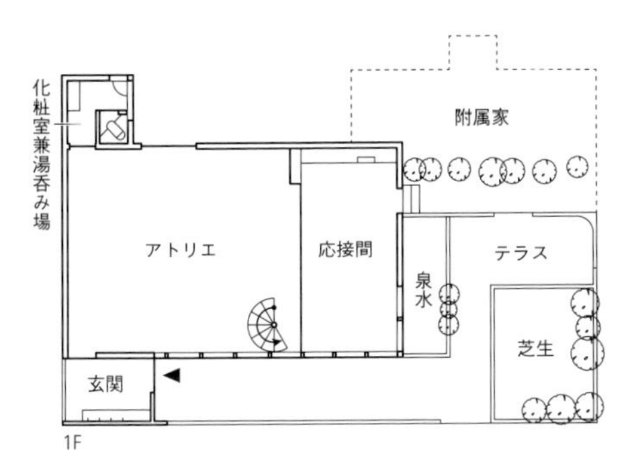

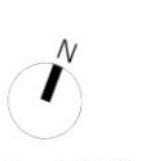

S＝1/250

八木邸

設計　藤井厚二

図面には居間とある麻雀専用の部屋。正面壁には、右手に床(とこ)、左手にソファが組み込まれている。ソファの前には電熱の〝手あぶり〟。

藤井厚二の代表作は昭和3(1928)年の「聴竹居(ちょうちくきょ)」となるが、その「聴竹居」がこのたび重要文化財となり、記念の講演に出かけたとき、昭和5(1930)年の〈八木邸〉の存在を当の八木さんから教えられ、このたび取材した。

建てたのは八木市造(重兵衛)。

市造は大阪の糸偏(いとへん)(繊維産業を指す)の有力者で、当時の世界の綿の主産地だったインドと取り引きし、住まいは大阪近郊の香里園に構え、大阪と京都のあいだを行ったり来たりしながら暮らしていたという。

夫婦ともに日本人離れしたところがあり、家では3頭の馬を飼い、例のイギリス式乗馬服と帽子に身を固め乗馬を楽しんでいた。

当時の大阪と京都と神戸には、お金と教養とオシャレ感覚の三拍子揃った実業家がたくさんおり、彼らが建築家の、とりわけ新しい試みに挑む若き建築家のパトロンとなっていた。

八木と藤井をつないだのは、茶の湯で、裏千家に習う茶の友として知り合っている。お金と教養とオシャレ感覚にすぐれた当時の関西人士は、みっつに加えてもうひとつ、茶の湯を好む例が結構見られる。

初出=2018年新春号

初めて全景を目にしたとき、あまりの自己抑制に驚いた。東京で馬3頭を飼うほどの家なら、もっと建物を高くするし、門構えも玄関も立派にするのに、東京風に慣れた目には2階建てが平屋に見えるし、アプローチは郊外のサラリーマンの住まいに毛が生えた程度。

村野藤吾は和風住宅の極意として「門戸（もんこ）を張らず」と言った。大正から昭和にかけての時期、伝統的造形文化のモダン化をリードした西川一草亭（華道家）も同様であり、藤井は西川に学ぶところが大きかったという。

まず全体を眺めたとき、気づいたのは、西川流の自己抑制に従う門柱の左と右に伸びる敷地の囲いの違い。普通なら垣根か塀のどっちかを選ぶはずなのに、なんと右手は生垣、左手は板塀。生垣はもともとで塀は後補かと思ったが、塀の笠木が銅板の半円状になっているところや板の造りの丁寧さからして、藤井の手によるにちがいない。

敷地の囲いを生垣と板塀に両分する門の中央を通って玄関に入ると、そう広からぬ玄関の中が左右に両分され、造りと面積からして右手が客用、左手は家族用にちがいない。客用の角柱には土足の着脱が容易なように、腰掛けが造り付けられてい

右手奥には床の間はないが、壁に掛け軸が下がる。

地味な外観。右手に生垣、左手に板塀という面白い造り。

上右／玄関も目立たないが、材も細工も
最高レベルを駆使。
上左／離れの茶室（現存せず）手前の待合。
下／階段室。手すりと手すり子に注目。
藤井は正方形の次に三角形を好んだ。

るが、私がちょっぴり藤井を苦手とするのは、こういうあまりなまでの神経の細やかさ。住まいに取り組むと、こういう辺りまで行って初めて達成感があるということか。

中に入ってから平面図を確かめると、向かって右手は接客機能（書斎も入るが、書斎は明治初期の和洋併置型住宅の頃より接客空間の側）で左手は家族機能と両分されている。日本の住まい方の伝統ともいうべきハレ（接客、対外）とケ（家族、対内）の両分を玄関と門にまで貫徹しようとしたところは、住まいに合理主義と機能主義をもち込んで伝統を近代化しようとした藤井ならではの試みといえよう。

まずハレを見る。

床面は畳はなく板を張り、いわゆる洋風をベースとし、椅子・テーブル式となっているが、窓はガラスの引き戸。教条主義的にいえば和洋折衷にちがいないが、そうしたチグハグさは乗り越えられ、新しいひとつの空間が誕生しているのがわかる。これぞ、藤井が日本の20世紀建築ならではの〝木造モダニズム〟の祖たるところ。

木造モダニズムの誕生にあたり大きな役割を果たした建築的要素のひとつに収納用家具があった。

伝統では収納用家具は室内には置かず、納戸の〝長持〟や〝櫃(ひつ)〟に隠してすませていたが、ヨーロッパ建築では家具を運び込んで室内の見せ場とする。藤井はどうしたか。日本の伝統ともヨーロッパとも違い、収納用家具を建築の一部として室内に造り付け、それを見せ場とする。収納を室内に加える点はヨーロッパ発だが、造り付けは床の間の伝統を取り込んでいる。

起源の異なる和洋ふたつを取り込みながらヘンにならなかったのは、その形をデザインするとき、幾何学をベースにしたおかげだった。幾何学は数学だから和も洋もないし、両者の造形の底に潜む原理である。

藤井がただひとりというか、最初に伝統とモダンの通底化に成功したのは、和と洋といった文化的差異の奥に幾何学という世界共通の原理を発見したから、と、近年の私は考えている。

ハレの場を巡りながら、家具の次に気づいたのは床の間の一件。床の間は、中世に書院造が成立して後、日本の住宅の最大の見せ場となり室内に君臨してきたが、これを藤井はどう扱ったか。このテーマが伝統とモダンを通底させる上での勘所であることは、藤井が『床の間』(田中平安堂)と題する一冊を出していることから明

上／食事室。木材を自由に壁や天井に走らせる手法はフランク・ロイド・ライトに学んでいる。
下右／手すり子にも透かし彫り。
下中／椅子の肘掛に注目。
下左／奥の戸棚は斜め。

書斎。天井には茶室由来の網代（あじろ）が張られる。藤井は茶室を媒介にして伝統とモダンの統一に成功する。

らかだろう。
　このテーマについての藤井の答えは、床張りの〝麻雀の間〟（居間）に見て取れる。施主と建築家は茶友に加えて雀友でもあり、雀卓はじめいっさいの小物まで建築家はデザインしているが、当然、〝床の間〟にも取り組み、正面の壁面に、右手に床の間的飾り棚、左手にソファを組み込んでいる。
　椅子・テーブルの暮らしにあってはソファは大事な人の座にほかならない。日本の床の間の系譜の中には床の畳敷きを貴人の席とする例があり、このあたりのことを考えて、ソファと飾り棚を並べて組み込んだのかもしれない。
　ケの機能のほうで注目したのは、調理室と家族用の食事室で、まず調理室の流しの造り。人造石研ぎだしはいいとして、底面にガラス棒が並んでいるではないか。このような工夫は前にも後にも出合ったことはない。一見して茶室の水屋の流しに取り付けられる簀の子張り（丸竹の並び）が元と気づくが、油物の洗いや水の飛散、ガラス棒自体の洗いを思うと、ずいぶんお手伝いさん泣かせの実験だったにちがいない。なお、家族12人に使用人3人がこの家に住んでいた。ガラス棒はここまでやらなくてもと思ったが、食事室の椅子の工夫には共感した。椅子は肘掛が付いたほうが身体は楽だが、付くと立ち上がって離れるときに邪魔をなす。引けばいいが、少し重いと座った姿勢のまま後ろに引くのは煩わしい。建築家はこの小さな煩わしさを解くために神経の細やかさをどう発揮したんだろう。答えは、肘掛を後方半分だけとする。

こんなことまで観察することができるのは、取り壊した茶室を除いて、建築から家具、調度まで一切合切を八木家のご遺族が保存してこられ、その労の一部が今は地元の八木邸倶楽部に引き継がれているおかげ。若い頃、こうした営みに道を開いたひとりとして、とてもうれしい。

食事室と調理室の間仕切りは、つなぐような切れるような微妙なデザインとなる。

調理室。調理室を白く塗るのは衛生のためだが、
伝統の台所があまりに暗く湿っていたことへの反省も込められている。

上／可動の調理台。
中／流しの底面に敷かれた〝謎〟のガラス棒（おそらく水切り）。
下／2階寝室。通風の窓を開けたところ。

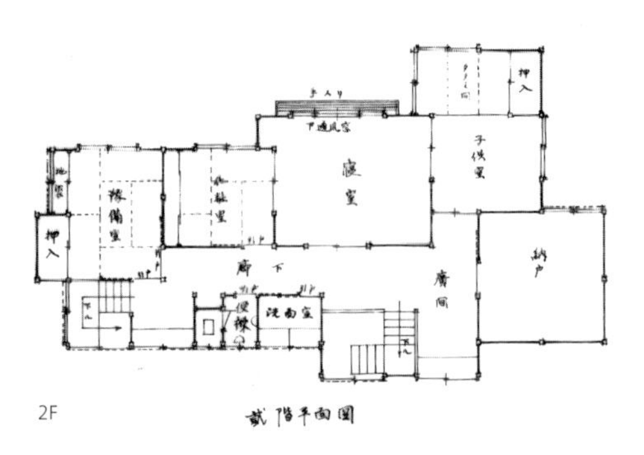
押入
子供室
寝室
予備室
廊下
廣間
納戸
便所
洗面室
弐階平面圖

2F

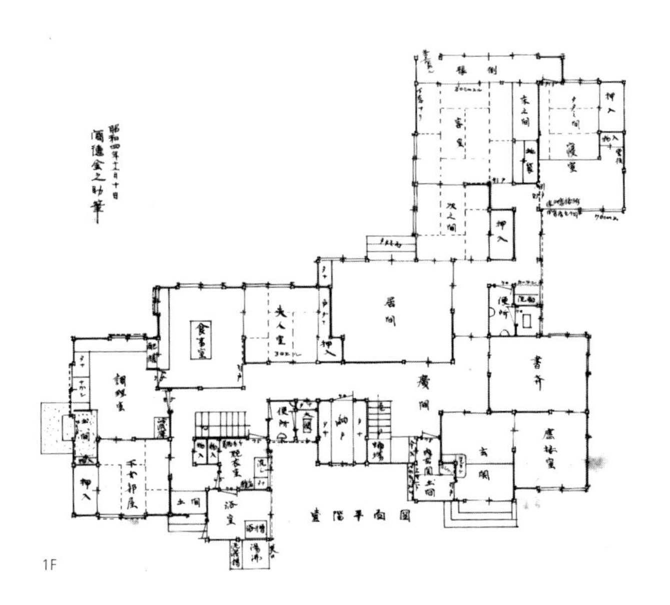
昭和四年十一月十日
酒德金之助筆
縁側
客室
次之間
押入
寝室
居間
夫人室
食事室
調理室
女中部屋
浴室
納戸
便所
廣間
書斎
應接室
玄関
壹階平面圖

1F

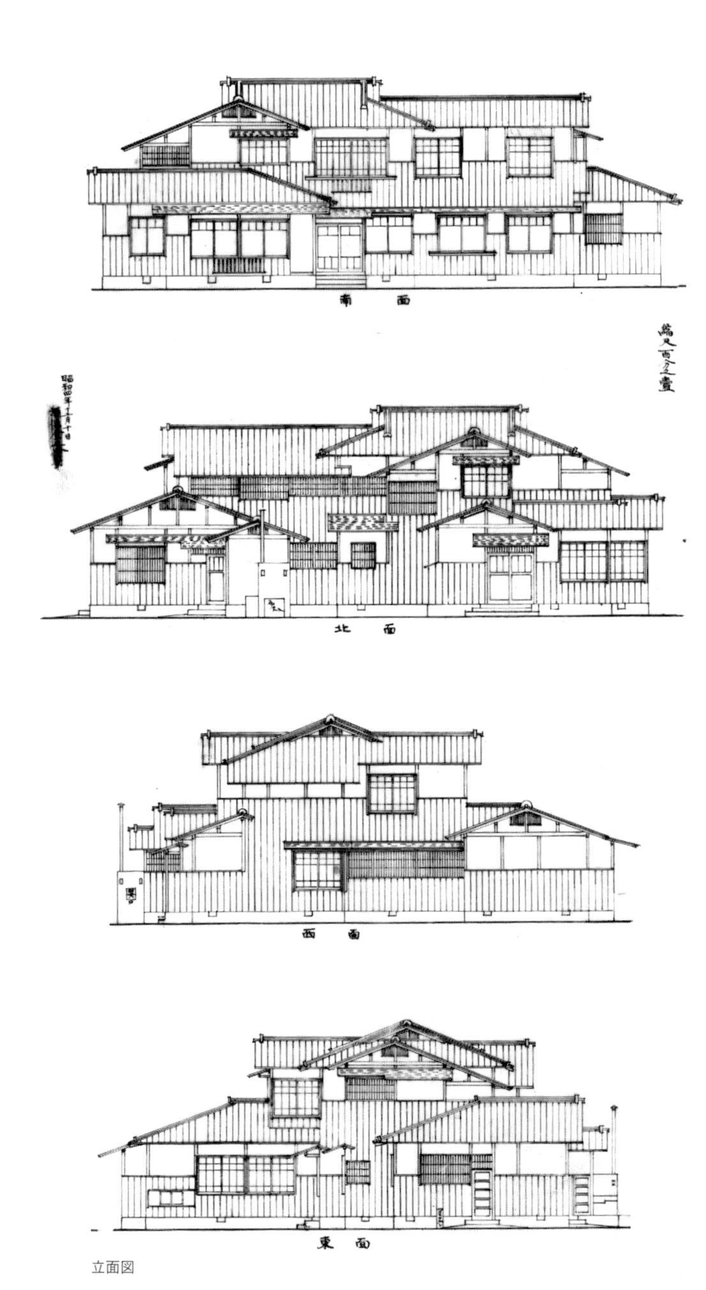

立面図

提供＝酒徳家＋大阪電気通信大学・矢ヶ崎研究室

去風洞

設計　西川一草亭

水平の線と垂直の線の交差によりモダンな立体幾何学的秩序を生み出している。床の間の右手の土壁に釘を打ち花を生けるのが〝一草釘〟。

〝西川一草亭〟といっても、日本の伝統文化の近代化によほど関心がなければ知らなくて当然だろう。私もこの名を、堀口捨己の「岡田邸」（1933）を見に行ったとき、建築史家の横山正から初めて教えられ、さらに「八木邸」（160ページ）でも、八木さんから設計者の藤井厚二と一草亭との深いつながりを聞いた。

藤井厚二、堀口捨己という、伝統住宅の近代化に大きな足跡を残したふたりの建築家のことを深く考えるには、一草亭は欠かせない。名著『風流一生涯　花道去風流七世　西川一草亭』（淡交社）の著者の熊倉功夫先生の紹介を得て、「八木邸」に続き一草亭が自邸兼花の教場として建てた京都の〈去風洞〉を訪れた。

一草亭は、明治11（1878）年、由緒ある京都の花道家の家に生まれ、大正期以後、生け花の近代化に尽くし、茶道にも新境地を開いている。加えて、大正、昭和初期のヨーロッパ文化を知的ベースとした夏目漱石から谷川徹三に至る文化人や芸術家に伝統の中のモダンな魅力を伝えるという大きな役目を果たしている。もちろん、藤井も堀口も〝伝統と近代〟という関心から一草亭とつながるが、どこがどうつながるのか具体的に触れた論考がこれまでない。

その欠を埋めるべく、〈去風洞〉の小ぶりな門をくぐると、最初に迎えてくれた

初出＝2018年春号

のはバナナの兄弟の芭蕉。藤井は、夫人と一緒に入門し生け花を習っているし、堀口はしばしば訪れたばかりか、長逗留もしているというから、ふたりとも芭蕉で迎えられていただろう。千利休も、芭蕉の葉を床に掛けたと伝えられ、戦後の前衛花道家の中川幸夫も利休へのオマージュとして試みているし、私も真似して「ニラハウス」（1997）の茶室の「薪軒」で挑んでみたが、即破綻。

式台も踏み込みもなく、茶室のような踏み石から一気に障子を開けて家の中に入り、座敷に通されて、十世家元の西川一橙氏の挨拶を受ける。この先、取材と撮影のあいだ、ずっと一橙・弥子ご夫妻は正座して控えておられ、ぶしつけな質問にも丁寧に答えてくださった。

座敷の床の間の前に座り、最初はどこをどう見たものか和室の見方の不明に戸惑ったが、しばらくして、やっと藤井作との共通性に気づいた。

和室の常に従い、まず畳の面が広がり、正面の床の間が立ち、左右には襖、上には天井面が視界を占めるが、全体を制御し部屋をひとつの空間としてまとめ上げるのは、各面をタテヨコに走る線と、そこから生まれる三尺ピッチの立体格子。

藤井作の空間の背後には立体格子という近代的な幾何学が控えていること、それ

座敷の欄間が名高い〝一文字透かし〟。彫刻化を拒んだモダンな造形として知られる。

右／広い縁の空間の2階には半円の窓。庭の手前は茶室へ向かう露地の手水（ちょうず）鉢。
左／玄関の障子を開けるとすぐ畳の間。この異例な入り方はもちろん茶室に由来する。富岡鉄斎より寄贈の「去風洞」の書が架かる。

小ぶりな門を入ると、芭蕉が迎え、
その左手が玄関。縁も式台もなく、
障子を開けて直接上がる。

がモダンな感覚を可能にしていることを何度も指摘してきたが、ここにもそれがある。

　というと、藤井も一草亭もベースにした数寄屋造と同じじゃないかと思われる読者がいるだろうが、違う。藤井、一草亭、そしてそれに続く堀口捨己、吉田五十八（いそや）より以前の数寄屋では、床の間や欄間など、施主と大工棟梁が自由に手を入れていい箇所には、癖の強い造形が取り込まれるのが常だった。そうした造形的遊びが許されるからこそ、数寄屋は人々に好まれ、遊郭、旅館、料理屋、別邸専用のスタイルとなっていた。

　そうした造形的遊びを一草亭は意識的に抑えることに努め、その結果、生み出されたのが右手の襖の上に見られる一草亭好みのその名も〝一文字透かしの欄間〟だった。花鳥や山水を彫ることにより施主と棟梁の好みと腕の見せ所であった欄間を穴ひとつに化してしまった。

　造形的遊びを削りながら、しかし見る人の目には豊かな印象を与えるべく、選りすぐった皮付き赤松を床柱として、北山杉を床框として据え、端部をチュッと舐めるように手斧でハツって木目を露わにしている。

床の間本体も、これほど大きい室床（隅柱を塗り込む技法で、利休の「待庵」に始まる）は珍しいし、右手の土壁に直接釘を打って掛ける花は一草亭の発明になり、〝一草釘〟と呼ばれる。大きな室床といい、一草釘といい、花道家としては〝草花を野に返す〟ことを旨としたにちがいない。

数寄屋のモダン化を幾何学（立体格子）化により果たした座敷（客間）以上に興味深く眺めたのは、花の教場の外側の庭と庭に面した広縁と、広縁の一画の仏間と、その2階の開口部、要するに、建築の外側の造りだった。

広縁から述べると、縁をひとつのちゃんとした空間として扱っているのは、その一画に仏間が口を開けていることからうかがわれよう。加えて、軒の出が茶室式の化粧軒になり、縁に面する壁が真壁ではなく、大壁なのも異例。藤井の「聴竹居」（1928）の入り口が土の大壁となっているのがかねてより来歴も意味も未詳であったが、同じことがここでも行われている。茶室における室床の思想を外壁に持ち出した、と考えてはどうだろう。

庭に立ち2階を見上げて、一草亭の隠し物を見つけた思いがした。実弟の画家・津田青楓が描いた『去風洞十勝図』の最初に登場するアーチ状の窓である。円窓は

縁の右手には流祖去風像。隅の壁は塗りまわしになっている。この場に生まれた空間のモダンさに注目。

右／中潜（なかくぐり）の向こうに露地と手水鉢が見える。
左／庭と室内をつなぐ縁の扱い、とりわけ縁の手すりは堀口捨己に強い影響を与えている。

花の教場。左手の板の上に花を置き、そこから花を取ってきて生ける。

外観。

あっても半円窓は数寄屋にはなく、大正期のドイツ表現派的な美学が強くにじむ。

庭についてはこのたび初めて目にし、強い印象を受けた。かつてもっと広かったことが津田の画帖からわかるが、現在、残っている一部を見て、石の姿も配置も、まわりの植栽も、〝庭を野に返そう〟としている。こんな庭は一草亭以前に例はない。

唐突にいうが、一草亭は生け花と庭と建築のみっつからなる数寄屋造という伝統的様式を、利休の目を借りて洗い直し、モダン化しようとしたのではないか。一草亭と藤井の共通性はそこにあった。

〈去風洞〉完成大正15（1926）年、「聴竹居」竣工昭和3（1928）年。藤井は、一草亭の建築をにらみながら設計を進めたのだろう。

なお、一草亭の影響は、藤井より堀口のほうが決定的に受けている。とりわけ、室内から庭への展開のあたりは。

土浦亀城邸

設計　土浦亀城

開放的な空間は今見てもモダン。

土浦亀城が1935年につくった自邸の〈土浦亀城邸〉について、本シリーズではこれまで風呂場を扱ったものの、うかつにも全体は紹介していないことにこのたび気づき、取り上げる。

住宅全体の評価は、〝初期モダニズム住宅の日本における代表作〟〝当時の姿を今に伝える唯一の現存作〟〝バウハウス派の木造モダニズムの傑作〟、このくらいでいいと思うが、空間の構成についてはひとつ、あらためて考えておきたいことがある。白い箱に大ガラスをはめることをもって旨とする世界と日本の初期モダニズム建築の中で、〈土浦邸〉の空間構成にはほかとは異なる特徴が観察される。

まず敷地に入ると、階段を半階上って玄関に至り、玄関に入ると、また半階上がって居間。居間は南に向かっての吹抜けとなり、北側には食堂と台所が一体的に続き、ロフトとなる2階レベルには寝室が入る。

ここまでは、傾いた敷地の形状に合わせて半階を駆使してのレベル差解消法とも思われるが、問題は、居間の吹抜け空間と2階の寝室とのつなぎ方で、普通なら階段ですませればいいのに、半階上がった位置にちゃんと床を張り出し、そこにいったん上がった後、また半階上がって寝室に入る。半階上がった位置の踊り場的床の

初出＝2018年夏号

真下には、半階下がった玄関があり、階高に問題は生じない。そして寝室の吹抜け側の壁は日本風の襖で間仕切られ、開ければ寝室空間は吹抜け空間と一体化する。

初期モダニズム住宅に吹抜けとロフトはそう珍しくないが、吹抜けの中間に浮くように存在する踊り場的な床は、なぜかようにつくられたのか、誰もが気になる。単調になりがちな吹抜けに変化と活気を与える〈土浦邸〉ならではの工夫だけに気になる。

昔、土浦先生にこの点をたずねると、答えは、「ダンスの音楽を奏でる場所として考えました。当時、モダンな若者のあいだではダンスがたいへん流行し、たいていのモボ・モガは銀座のダンスホールで生演奏にのって踊っていたのですが、私をはじめ前川國男さん、谷口吉郎さん、五井孝夫さんといったモダンな建築家仲間は、自分の家で踊りたいという夢があり、それを実現しました」。

実際にダンスは踊ったが、生演奏することはなく、蓄音器を置いてすませたという。

建築家の自覚としてはそのような目的であったとしても、建築史家としてはそれだけではないといわざるをえない。なぜなら戦後のコルビュジエ派モダニズム全盛

白い箱と大ガラス。

当時の姿をほぼ正確に伝える。

玄関から左手の階段を半階上がって居間へ。

の時代にやや影の薄くなったこのバウハウス派の住宅の核となる吹抜けの居間には、玄関、食堂、踊り場、床、寝室といった場が、半階のレベル差で相互に貫入しあうような空間構成になっているが、こうした相互貫入的構成はモダンな建築家は一般的にはやらないからだ。

この問題について初めて話しあったのは、〈土浦邸〉を雑誌で取り上げて〝再評価〟の機運をつくってくれた建築ジャーナリストの植田実(まこと)さんとで、そのときはライトの影響という答えで一致した。

ライトは、日本につくった帝国ホテル（旧本館／一部が明治村に移設され現存）を見ればわかるように、半階分ほどの階段を多用したことで知られるが、大学を卒業してすぐにライトに学んだ土浦の自邸にはその影響が伝わっていると考えていいだろう。

では、なぜライトは半階のズラシを多用したのだろうか。

ライトが20世紀建築を切りひらいた功績の第一は、空間の連続性（流動性）にある。それまで機能ごとに壁で仕切られていた造りをやめ、機能を超えて空間を連続させることでモダニズム空間は誕生するが、その第一歩を画したのがライトで、階段、暖炉などからなる家の中核部から部屋を横長に伸ばすことで空間の連続性を先駆的に獲得しているが、そのとき、なぜ半階ズラシは多用されたのか。
なぜ、と問うのは、ライトの影響で空間の連続性に目覚め、空間の連続性を確立するバウハウスのグロピウスやミースが、決して半階ズラシなど取り入れず、同一レベルの階の平面上だけで連続性を実現しているからだ。
なのになぜ先駆者のライトとその弟子の土浦は、半階ズラシによる空間の相互貫入などという利用上は段差だらけで不便な構成を好んで試みたのか。空間の連続性という自ら求めた大筋の中で何をやりたかったのか。
この問いは、このたび久しぶりに〈土浦邸〉を紹介するにあたり、自らに立てた問いなのだが、たどり着いた答えは、
〝垂直方向の空間の連続性〟
をねらっていたのではあるまいか。半階ズラシにより、〈土浦邸〉の玄関、居間、踊り場的床、寝室というように、空間は水平方向と同時に垂直方向へも連続的に続くことができる。
とすると、新たなる次の問いが派生しよう。ライトの影響、具体的にはライトがドイツで出版した自作集を見て空間の連続性に目覚めたバウハウスの面々は、空間

上右／見せ場の踊り場。右手奥には食堂と台所。踊り場の右上には寝室。
上左／階段からギャラリーを見る。
下／モダンな玄関のドア。左手には腰掛け。右下は郵便受け。

上／外観。
右下／地下の白い浴室。
左下／寝室。右手には襖状の仕切り。

の連続性を発展させ確立する過程で、なぜ垂直方向の連続性はやめ、水平方向の連続性だけに絞ったのか。その代表はミースであり、その代表作は「トゥーゲントハット邸」（1930）なのだが、答えは今後の課題にしよう。

バウハウスの空間の水平性だけに途中までは付き合いながらやめて、垂直性を加えるべく転じたのがコルビュジエだった。

でもコルビュジエはライトや〈土浦邸〉のように半階ズラシはとらず、斜路を多用して垂直方向への空間の動き（連続性、流動性）に取り組んでいる。

フライトのもとより帰国した土浦亀城が〈土浦邸〉のような四角の箱に大ガラスの作品をつくりはじめると、ライトは土浦にあてて、なぜコルビュジエのようなデザインをお前はするのかと難詰する手紙を書いているし、ミースがアメリカに渡って、初めてライトに会ったとき、リスペクトを込めて丁寧に挨拶すると、ライトは、顔を横に向けて無視したという。ライトは、自分に学びながら自分を超えて進む者にも競争心をむき出しにするほどの前衛魂の持ち主だった。

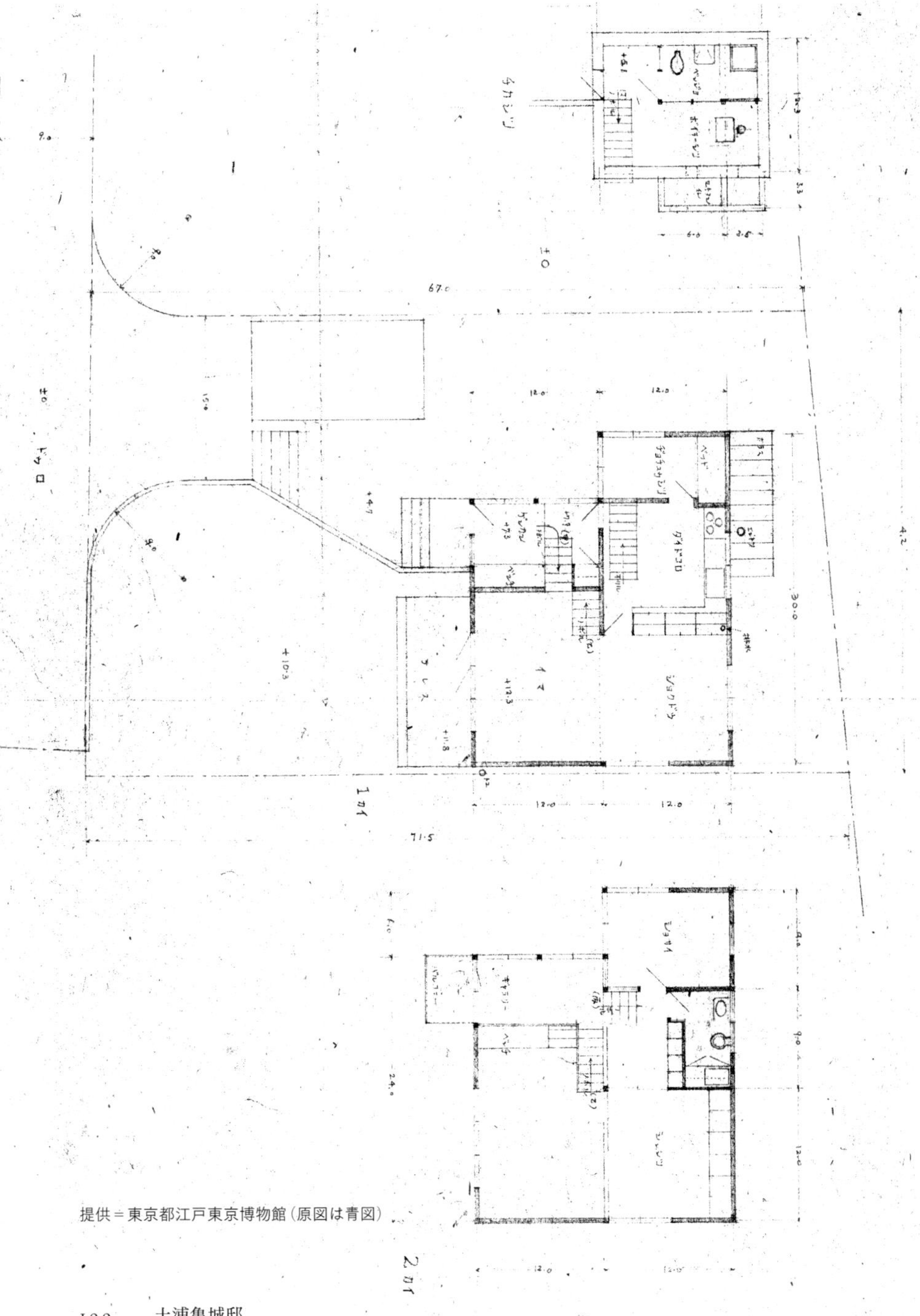

提供＝東京都江戸東京博物館（原図は青図）

Tree-ness House

設計　平田晃久

上層部の光景。これだけ建築と
一体化した緑化は珍しい。

平田晃久の設計で最初に注目したのは、断面がS字形をした2階建ての鉄筋コンクリート造住宅（実現せず）だった。藤本壮介の青森県立美術館コンペ案の衝撃的平面図と同じ考え方がそこにはあったし、「平田が考えたことを藤本が先にやる」とも聞いていたからだ。藤本に聞くと「平田は考えすぎてちっともやらないから……」。

S字形は、箱として閉じるわけでも柱を立てて全面オープンにするわけでもなく、確かに壁が存在しながら、しかし開いているとも閉じているともとれる不思議な内外の関係を生み出す。

S字形の発見者としてまず意識し、次に「からまりしろ」という言葉に新鮮さを覚えた。ふつう建築家はこういう日常的語彙で自分の考えを述べず、もっと抽象化したがる。建築の外寄りに外部の空間や建築と関係する部分（しろ）を残しておこうというのである。

S字形とからまりしろは、じつは一体にちがいなく、S字のふたつの端は外部との関係を求めて、あるいは外部をからめとろうと伸びた触手といってもいい。ヘチマの髭やイソギンチャクの触手に同じ。

平田の鉄筋コンクリート造の〈Tree-ness House〉を訪れた。近所にある鉄骨造の

初出－2019年新春号

「Overlap House」（2018）も一緒に見ての第一印象を述べるなら「ガチャガチャしている」だった。これは住宅に留まらず平田の近年の代表作「太田市美術館・図書館」（2017）もそう。外観が、建築的造形の基本ともいうべき対称形はむろん、四角をとらず、出たり入ったり、突き出したり凹んだり、複雑に凸凹する。

こうしたガチャガチャ性の身近な萌芽は、今こう書きながら思い出すと、坂本一成の住宅で、塚本由晴・貝島桃代が続き、平田に至っている。

建築史家としてガチャガチャ性に着目するのは、20世紀に入って初めて出現する質だからだ。ガチャガチャ性は20世紀という科学技術の世紀の本質と深く絡んで対立的に出現したにちがいない。とりわけ日本は先進地にほかならず、その根は震災復興期の今和次郎の思想と感性に由来する。

日本の現代建築に世界の目が集まる第一は妹島和世や西沢立衛の白く薄い建築にちがいないが、それに続くのは藤本や平田のガチャガチャ建築だろう。

実物を訪れてみよう。駅で降り、しばらく進むと坂になり、中小のマンションと木造モルタル塗りの2階建て住宅と店舗が並び、そうした混乱状態に電信柱と電線も参戦して……。

左／わずかな段数の足がかりを利用して屋上へ上がれるようになっている。
右／給水がちゃんとしているから緑も元気。

上／細部の納まりもよく考えられている。
下／打ち放と「ひだ（と呼ばれるボックス）」のコンビがいい。

そんな現代の都市周辺部の混乱した光景の中に目指す建物は立っているが、そのたたずまいは初の目撃となる。周囲の様子に構わずハキダメに鶴状態を選ぶわけではなく、スックと背筋を伸ばしながら上階に行くにしたがって強まるガチャガチャにより周囲の混乱と上手に調停状態を保つばかりか、ハキダメに明るい未来をさえ映し出している。

もし上階のガチャガチャ部が打放しだけだったら未来は悲惨だが、植え込まれた緑がそれをあらかじめ救っている。救済者としての緑。

私はこれまで建築緑化に努め、古今東西の実例を訪れてきたが、こういう建築と緑のあり方、こういう都市と建築と緑のあり方に出会ったことがない。微分された建築が微分された草木を纏うことによりからまりしろを形成して、周囲の都市空間をからめとり、建築単体を超えてイメージをあたりに向けて膨らますことに成功している。

向かいのビルの踊り場から眺めながら、緑の力、効用について考えた。緑という存在はあらゆる建築に対して中立的である。人類や建築が生まれるはるか前から地上に繁茂してきたから当然のこと。中立的ということは、対立的なデザインや材料、たとえば自然素材対工業製品のあいだに立って両者の対立を調停する力をもつ。からまりしろが外のものをからめとるためにはノリシロ（糊代）のノリにあたる接着剤が必要になるが、それが緑なのではないか。

しばし外から眺めてあれこれ思ってから、平田に案内されて建物の中へ入った。細いビルの中の打放しに囲まれた動線（通路、階段、踊り場）をたどり、右に曲がり左に折れ、身体の向きをそのたびごとに変えながら、ところどころに開口する上手な造りの窓やドアに目をやりながら、ビルオーナーの居住階に至る。すべてが狭いけれど平面はよく考えられているし、各部のデザインも充実している。

東孝光の「塔の家」（１９６６）に初めて入ったときの感動を思い出した。日本に固有の都市の狭小敷地が若い建築家の脳を絞り、こうした手品のようによくできた小住宅を滴り出す。そしてそこに海外の若い建築家は敏感に反応する。

最後に、ドアから外の緑化部分に出て、段差をたどりながら下の階に至り、また中に戻った。微分された緑化部分は思いのほかよく考えられており、土壌も難題となる給水もこれなら大丈夫。とりわけ納得したのは緑化部分の造りで、「ひだ（と呼ばれるボックス）」を躯体に取り付けている。工場でプレファブリケートされた鉄板捨て型枠に現場打ち無収縮モルタルを施すことでこれだけ薄くできた。緑化の視覚的

リビング。

建主の住居の水まわり。

上／主寝室。
下／ダイニング。

ポイントは細部の造りにあり、たとえば緑のまわりに現れる縁（へり）の厚みの調整にある。伊東豊雄の初緑化の「ぐりんぐりん」（2005）はこれがうまくいっていなかった。厚いと緑が死ぬし、薄すぎると建築が死ぬ。

「現代住宅併走」をうたいながら、現代の最前線からは遠い作品ばかり続いたが、今回はタイトルどおり。

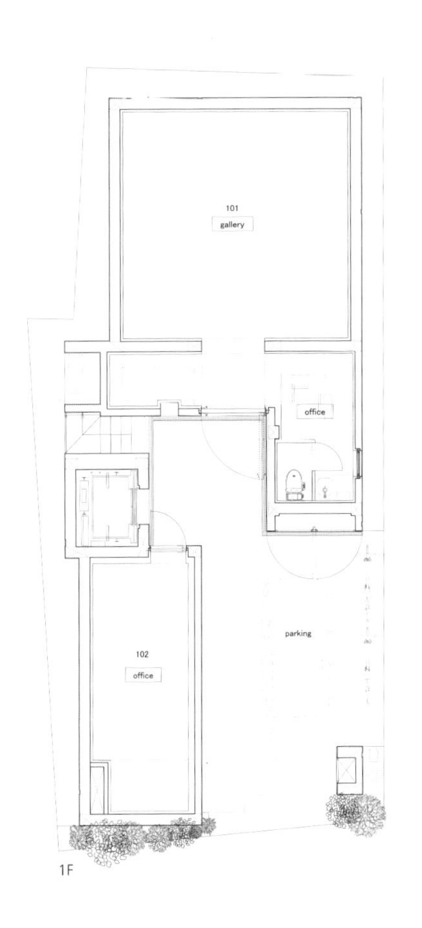

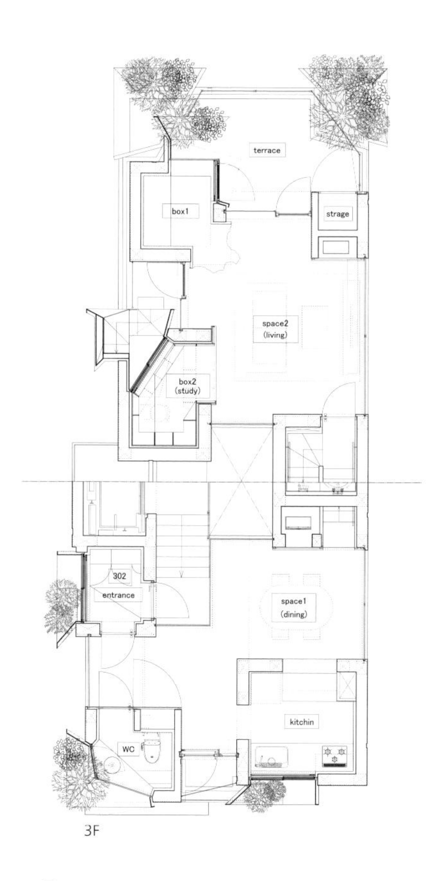

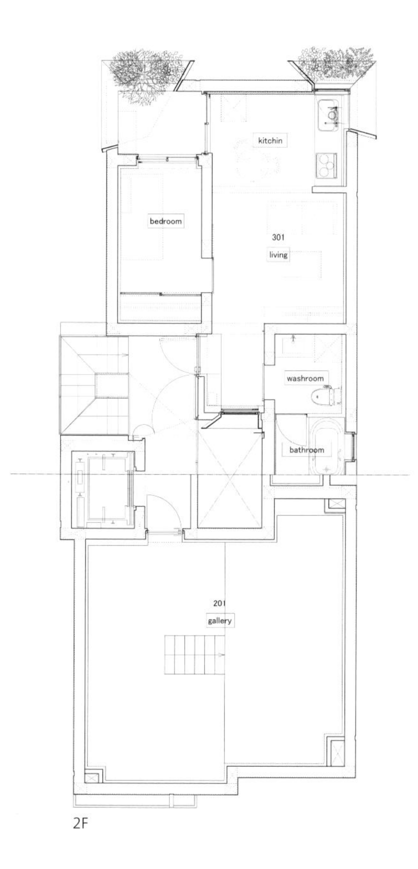

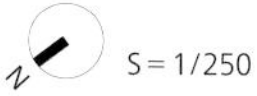

S＝1/250

提供＝平田晃久建築設計事務所

右／エントランスホールから見下ろす。
左／階段を上がるとエントランス。

外観。

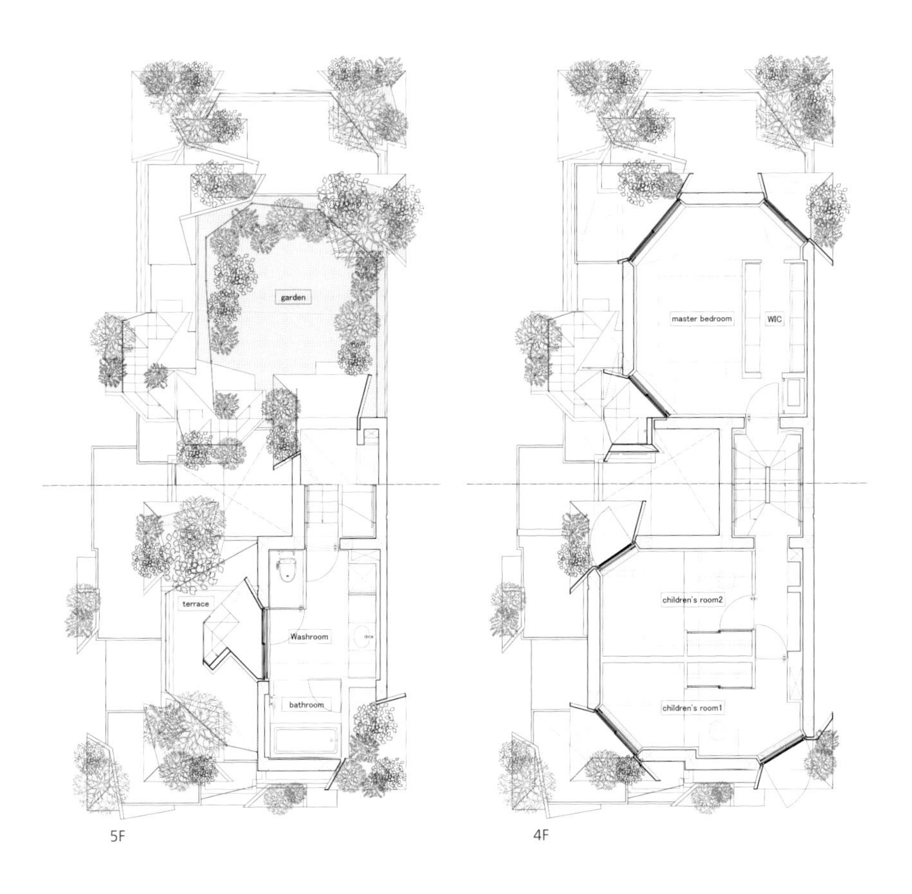
garden
terrace
Washroom
bathroom
5F
master bedroom
WIC
children's room2
children's room1
4F

あとがきにかえて

鉄筋コンクリートや鉄骨による集合住宅は大都市でも中小都市でも増え続けているし、戸建ても鉄筋や鉄骨を使う例が多くなっているが、しかし、木造住宅は数でいえば今でも最大勢力を占めていることに変わりはないし、日本の住宅の世界的特質をあげるとするなら〝木造〟といってかまわない。

現在でも多くの建築家が木造住宅を手がけているが、これは世界的に見ると例外で、海外ではすぐれた建築家がすぐれた現代的住宅表現を木造でなすことは珍しい。

明治以後、日本の建築家が、伝統的木造住宅とは別に、木造による同時代的表現に初めて挑んだのは意外に遅く、昭和初期のことで、本書にも登場する藤井厚二がまず挑み、吉田五十八が続く。

藤井と吉田の二人が木造住宅モダン化の始点となるが、二人の影響は二手に分かれ、藤井は堀口捨己や吉村順三といった若い建築家たちに木造でもモダンな住宅が可能なことを教え、〝木造モダニズム〟と今は呼ばれる流れが形成されてゆく。この流れに入るのは、レーモンド、前川國男、坂倉準三、丹下健三などの手になる木造住宅で、戦後をリードし現在の建築家による木造住宅へとつながってゆく。

一方、吉田五十八の切り拓いたモダンな住宅の作り方は〝近代数寄屋〟といい、もっぱら高級な邸宅や料亭や旅館に使われ、藤井にはじまる〝木造モダニズム〟とは大きく枝分かれして進み、今は全く別の流れとなってしまった。

藤井も吉田も木造住宅のモダン化を企てた時、ベースにしたのは伝統的な数寄屋造であったことは注目していい。伝統的な住宅の様式には民家と書院造と数寄屋造のみっつがあるのに、なぜ数寄屋を選んだのかについては推測可能で、格式を誇り、格式の証として決まりごとの多い書院造より、茶室の影響で自由なデザインを許す数寄屋造の方がモダン化を受け容れやすかったからだ。

茶室の影響下に江戸時代初期に成立した数寄屋造を昭和初期に近代化してスタートした木造モダニズムと近代数寄屋の二つは、建築表現上は大きく分かれながら、しかしほとんどの人が気づかない共通性を秘めている。秘めているというより、あまりに白昼堂々、明らさまなのでかえって気づかない。

木造モダニズムも近代数寄屋も、都市とその近郊にあるかぎり、木材が外からは見えない。正確にいうと窓枠やドアは別にして、柱、梁、棰木、壁といった本来なら木が見えている主要な造りに木が見えない。疑う人は近くの住宅を歩いて木を探してみればいい。木造モダニズム系、近代数寄屋系はむろん大工棟梁やハウスメーカーによる家でも、外から木は見えない。

理由は、大正8（1919）年に制定された日本最初の建築法である市街地建築物法（現・建築基準法）により、日本の木造建築の宿痾である火事を防ぐため、木造の外側をモルタル、金属板、セメント系パネルなどで包むことが決められたからだ。

この防火策は「準防火」と呼ばれる日本独自のやり方で、一軒ごとの火事は仕方ないが、多くの死者を伴う大火だけは防ごうという考えに基づく。

市街地建築物法で木造準防火を法令化した内田祥三（1885-1972）は、戦後、町中に広がる木の見えない木造住宅の海を眺めて、教え子の建築家の関野克（1909-2001）に「失敗だったかもしれない」とつぶやいている。

内田のつぶやきは、関野のつくった東大生産技術研究所の建築史研究室を引き継いだ私にも伝わっている。だからというわけではないが、鉄筋コンクリート造の表に板を張り柱を立てるような建築を設計してきたが、しかし一般的ではない。

一般的な建築でも外から見て木造と分かるようにする方法はただ一つ、木材の不燃化しかない。すでに実用化は始まっているが、十分ではない。十分でないのは、戦後、この方面への取り組みがほとんどなされなかったことによる。私の知るかぎり、1996年の「ニラハウス」の板張り仕上げが国土交通省内で問題視された後、4年後の「那珂川町馬頭広重美術館」では同省許可の不燃木材が使われているから、この間に最初の不燃木材が開発されたことになる。

木の不燃化の歩みは第一歩を踏んだばかりだが、しかるべき時が経てば、外から見ても木造の建築が都市の中にも郊外にも広がっているだろう。

最後にこの一冊の成立について触れると、これまで半世紀近くの間、住宅を探訪し続け、一部を『TOTO通信』に書き綴ってきたが、比較的近年に為した中から強い印象や変わった印象を受けた例を15件選んでいる。時代も地域もバラつくけれど、日本の近現代の住宅の先駆性と実験性の強さに改めて気づかされる。日本のすぐれた建築家たちは、公共建築や銀行、会社などの大建築だけでなく、住宅という私的で小さな建築においても大建築に負けない、というより、ときには大建築では認められないような先駆的試みに取り組み続けて今に至ることが分かる。

所在地………京都府
構造・階数…木造・地上2階
竣工 …………1926年

去風洞
西川一草亭　Nishikawa Issoutei

1878年、京都の由緒ある花道の家に生まれ、去風流を継ぐ。伝統の生け花の形式生に反発し、自然の花の美しさを生かすことを目指し、明治末年以後、新しい花の領分を開き一家を成した。夏目漱石、浅井忠、建築家としては藤井厚二、堀口捨己と親しく交流した。好みの住宅建築や庭のデザインも行う。1938年逝去。

所在地………東京都
施工 …………秋山組
構造・階数…木造・地下1階、地上2階
竣工 …………1935年

土浦亀城邸
土浦亀城　Tsuchiura Kameki

1897年茨城県生まれ。1923年に東京帝国大学(現・東京大学)工学部建築学科を卒業し渡米。フランク・ロイド・ライトに学ぶ。26年に帰国し、平屋の初代土浦邸の後、現・土浦邸をつくり、日本におけるモダニズム住宅を確立。健康に恵まれ、96年、数え年100歳で長逝されたが、すでに知人や直接の縁者も亡く、藤森が葬儀主催役を務めた。

所在地 ……… 東京都
施工 …………大原工務所
構造・階数…鉄筋コンクリート造・地上5階
竣工 …………2017年

Tree-ness House
平田晃久　Hirata Akihisa

1971年大阪府生まれ。94年京都大学建築学科卒業。97年同大学院修士課程修了。その後、伊東豊雄建築設計事務所を経て2005年に独立。学生時代から旧知の藤本壮介とふたりで事務所のごとき状態を始め、コンペと論議に明け暮れる。アンビルドの計画案、コンペ案やその理論で次第に注目される。18年より母校の教授を務める。

建築概要

所在地………東京都
施工…………鯰組
構造・階数…鉄筋コンクリート組積造・地上3階
竣工…………2012年

三層の家
中谷礼仁　Nakatani Norihito
1965年東京都生まれ。95年早稲田大学大学院博士課程を修了。2007年より母校に戻り、現在は建築史の教授を務める。歴史研究の対象は古今東西におよび、近年は揺れる大地での人の営みに関心をもってユーラシア大陸をたどった。設計は大阪時代に町家を改修し、〈三層の家〉は町屋の3作目となる。

所在地………大阪府
構造設計……松原建築研究所
施工…………中野工務店
構造・階数…鉄筋コンクリート造・地下1階、地上1階
竣工…………1974年

天と地の家
石井 修　Ishii Osamu
1922年奈良県生まれ。40年吉野工業学校建築科卒業。大林組に入社し積算を担当。戦時中は徴兵でマーシャル諸島に行き、軍事用のコンクリート構造物をつくる。戦後大林組を退社し、石井工務店を自営するも閉店。56年に美建・設計事務所を開所。「自然との共存」を持続可能にする家づくりに生涯取り組んだ。2007年逝去。

所在地………東京都
施工…………永田建築事務所
構造・階数…木骨造・地上2階
竣工…………1934年

三岸アトリエ
山脇 巖　Yamawaki Iwao
1898年長崎県生まれ。26年に東京美術学校（現・東京藝術大学）を卒業し、30年、バウハウスに妻の道子とともに留学。32年、ナチスによるバウハウス閉館のため帰国。戦前は、建築設計より万国博覧会（ニューヨーク）での写真モンタージュを駆使しての展示設計や和風建築で活躍した。1987年逝去。

所在地………大阪府
施工…………酒徳金之助（大工棟梁）
構造・階数…木造・地上2階
竣工…………1930年

八木邸
藤井厚二　Fujii Kouji
1888年広島県生まれ。1913年東京帝国大学（現・東京大学）工科大学建築学科卒業。～19年竹中工務店勤務、～20年欧米遊学。帰国後、京都帝国大学（現・京都大学）建築学科の教師となり、26年教授就任。日本最初の住宅研究者として日本の気候・生活・建築材料と西洋的な空間構成とを融合させる手法を提示。38年49歳で逝去。

所在地……愛知県
施工……平野工務店
構造・階数…木造・平屋
竣工……1975年（アトリエ・1980年）

津端邸
津端修一 Tsubata Shuichi
1925年愛知県生まれ。飛行機技術者を目指すが敗戦により建築に転じ、51年東京大学第一工学部建築学科を卒業。レーモンド建築設計事務所、坂倉準三建築研究所を経て、55年に日本住宅公団入社。61年から高蔵寺ニュータウンの設計に携わり、その後も高蔵寺でキッチンガーデンのある郊外暮らしを英子夫人とともに実践。2015年逝去。

所在地……東京都
構造設計……名和研二
施工……RC作製所 岡土建
構造・階数…鉄筋コンクリート造
竣工……建設中

蟻鱒鳶ル
岡 啓輔 Oka Keisuke
1965年福岡県生まれ。国立有明工業高等専門学校で建築学を学ぶ。ハウスメーカーを経て、退職後88年から10年間、土木作業員、鳶職人、鉄筋工、型枠大工、大工を転々とする。その間、高山建築学校に通い、またセルフビルド岡土建を始め、さらに高山建築学校に新しい血を注いで今に至る。

所在地……神奈川県
施工……自営
構造・階数…鉄筋コンクリート造・地上3階
竣工……未完

三澤邸
吉阪隆正 Yoshizaka Takamasa
1917年に東京都に生まれ、少年時代を外交官であった父の任地ジュネーブで過ごす。帰国して早稲田大学理工学部建築学科に入学し、今和次郎について民家を巡り、また民家調査のため中国北方に出かける。戦後はル・コルビュジエに学び、早稲田大学教授として、またU研究室のボスとして、多くの建築家を育てる。80年逝去。

所在地……東京都
構造・階数…木造・地上2階
竣工……1957年

新宿ホワイトハウス
磯崎 新 Isozaki Arata
1931年大分県生まれ。54年東京大学工学部建築学科卒業。丹下健三に師事し、同大学院博士課程修了。63年磯崎新アトリエを設立。サーリネン、丹下、カーン世代以後の世界のリーダーのひとりとして活躍。建築とアートのあいだを行き来しながら設計し理論を組み立てる、という生き方を若き日から一貫して今日に至る。

建築概要

所在地……東京都
構造設計……佐藤淳/佐藤淳構造設計事務所
施工……ホームビルダー
構造・階数…鉄骨造・地上3階
竣工……2004年

クリスタル・ブリック
山下保博 Yamashita Yasuhiro
1960年鹿児島県生まれ。芝浦工業大学で建築史学の三宅理一に学び、86年に芝浦工業大学大学院修了。その後、齋藤裕とブロック構造の近藤春司の事務所で修業を積む。91年に山下海建築研究所を設立。95年に事務所名をアトリエ・天工人に改称。

所在地……東京都
構造設計……増田建築構造事務所
施工……大原工務所
構造・階数…木造・地上3階
竣工……1992年

角地の木箱
葛西 潔 Kasai Kiyoshi
1954年東京都生まれ。74年東京工業大学に入学し篠原一男に学ぶ。80年に同大学院を修了。82年に独立し葛西潔建築設計事務所を開く。自ら開発し、特許を取得した木造一方向ラーメン造「木箱212構法」のシリーズでブレイクし、設計・施工ともに手がける。

所在地……群馬県
施工……三信建設
構造・階数…木造・地上2階
竣工……1974年

谷川さんの住宅
篠原一男 Shinohara Kazuo
1925年静岡県生まれ。東京工業大学建築学科で清家清に学び、53年卒業。70年同大学教授。86年名誉教授。戦後の建築家の中では例外的に住宅空間に精神性を求め、その思いを「白の家」(66)から「高圧線下の住宅」(81)まで、主室の中心に立つ独立柱に託した。2006年逝去。

所在地……長野県
施工……白石建設
構造・階数…木造・平屋
竣工……1962年

軽井沢新スタジオ
アントニン・レーモンド Antonin Raymond
1888年オーストリア=ハンガリー帝国(現・チェコ)に生まれ、プラハの工芸美術大学(チェコきっての建築の大学)に学び、アメリカに渡る。フランク・ロイド・ライトとともに帝国ホテル建築のため来日し、1923年に独立。その許から前川國男や吉村順三などが育ち、日本の20世紀後半の建築界をリードする一大人脈を形成した。76年逝去。

藤森照信　ふじもり・てるのぶ
建築史家、建築家。1946年長野県生まれ。東京大学大学院博士課程修了。専門は近代建築、都市計画史。東京大学名誉教授、東京都江戸東京博物館館長、工学院大学特任教授。1991年〈神長官守矢史料館〉で建築家としてデビュー。著書に『建築探偵の冒険・東京篇』(筑摩書房)、『藤森照信の原・現代住宅再見』(1-3、TOTO出版)ほか多数。作品に〈草屋根〉、〈多治見市モザイクタイルミュージアム〉ほか多数。

秋山亮二　あきやま・りょうじ
写真家。1942年東京都生まれ。早稲田大学文学部卒業。AP通信、朝日新聞社写真部を経て独立。インドの飢餓や離島の過疎化などフォトジャーナリストの視点から積極的に取材、発表。作品集に『津軽・聊爾先生行状記』(津軽書房)、『ニューヨーク通信』(牧水社)、『楢川村』(朝日新聞社)、『奈良』(游人工房)、エッセイ集に『扇子のケムリ』(法曹会)など。

普後 均　ふご・ひとし
写真家。1947年神奈川県生まれ。日本大学芸術学部写真学科卒業。細江英公に師事し、1973年に独立。2010年伊奈信男賞受賞。新しい写真表現の可能性を探求。作品集に『FLYING FRYING PAN』(写像工房)、『ON THE CIRCLE』(赤々舎)、『BLACKOUT』(L' Artiere, Italy)、他に『やがてヒトに与えられた時が満ちて……』(池澤夏樹との共著、河出書房新社)など。

デザイン／松田行正＋杉本聖士
校正／株式会社円水社
図面制作(p046、047、159)／稲村 穣(WADE)
編集／贄川 雪(世界文化社)

藤森照信 現代住宅探訪記

発行日　2019年12月30日　初版第1刷発行

著　者　藤森照信
写　真　秋山亮二・普後 均
発行者　竹間 勉
発　行　株式会社世界文化社
〒102-8187　東京都千代田区九段北4-2-29
電話　03(3262)5118(編集部)
　　　03(3262)5115(販売部)
印刷・製本　株式会社リーブルテック
DTP制作　株式会社明昌堂

ISBN978-4-418-19434-6